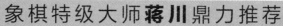

象棋特级大师**蒋川**鼎力推荐

象棋入门一本就够

2版

于川 刘君 吴秉铁 编著

化学工业出版社

·北京·

图书在版编目（CIP）数据

象棋入门一本就够/于川，刘君，吴秉铁编著. —2版. —北京：化学工业出版社，2015.12（2024.4重印）
ISBN 978-7-122-25530-3

Ⅰ.①象… Ⅱ.①于… ②刘… ③吴… Ⅲ.①中国象棋–基本知识 Ⅳ.①G891.2

中国版本图书馆CIP数据核字（2015）第255531号

责任编辑：史 懿　　　　　　　装帧设计：刘丽华
责任校对：宋 玮

出版发行：化学工业出版社（北京市东城区青年湖南街13号　邮政编码100011）
印　　装：大厂聚鑫印刷有限责任公司
710mm×1000mm 1/16　印张17　字数268千字　2024年4月北京第1版第11次印刷

购书咨询：010-64518888　　　　　　　　售后服务：010-64518899
网　　址：http：//www.cip.com.cn
凡购买本书，如有缺损质量问题，本社销售中心负责调换。

定　价：35.00元　　　　　　　　　　　　　　　版权所有　违者必究

隔河灿烂火荼分，局势方圆列阵云。

一去无还唯卒伍，深藏不出是将军。

冲车驰突诚难御，飞炮凭陵更轶群。

士也翩翩非汗马，也随彼相录忠勤。

这是清代大文学家刘墉的一首咏棋诗作，他把象棋世界的精彩描述得淋漓尽致，令人叫绝。诚然，象棋作为具有五千年历史的华夏艺术，千百年来一直为广大文人墨客所称道，是上自士大夫，下至平民百姓人人喜爱的一种智力游戏。

新中国成立后，象棋在中华大地上得到了长足的发展，已经成为一种启人智慧、助人长进的群众性体育活动。

本书作者是我的同窗挚友，他们多年来倾心于象棋在中国的普及推广工作，倾力打造象棋书籍的精品之作。书中以通俗易懂的语言，简洁明快的风格，深入浅出的叙述，权威可信的解读，引领读者揭开象棋的神秘面纱。象棋看似高深难懂，其实掌握起来并不难！希望这本书能带领广大读者从容掌握看似变化莫测的棋局，轻松进入充满神奇奥秘的棋艺王国。

本书有残局定胜定和、基本杀法、经典布局、最新流行布局等内容。其最显著的特点就是实战图例多。书中的例子与练习题，是作者平日里教学的常用案例，具有很强的实战意义。书中布局与中局相辅相连，采用了一贯而通的写作方法，更适合象棋初学者、爱好者自学并供培训班教学使用。

2016年3月

象棋源远流长，博大精深，已有近千年的历史，群众基础雄厚，是大家喜闻乐见的娱乐项目。新中国成立后，象棋被划入体育范畴，得到了迅猛的发展，目前，随着年轻一代棋手的崛起和高科技传播手段的介入，象棋在技术水平上又迈向了一个更高、更新的阶段。

多年来，象棋图书对象棋的普及与推广起到了极大的作用。本书采用了较为新颖的写作方式，把象棋的开局、中局、残局分为30课向读者朋友们依次介绍。为增强本书的实用性，笔者将近年来流行的下法、变着介绍给大家，其中，布局和中局战术合为一体，以期使广大读者学习起来思路、着数更为连贯，容易理解。

笔者多年来从事象棋的普及教育和竞赛组织工作，积累了一定的经验和写作素材。所以当化学工业出版社热情相邀之时，双方一拍即合，促成了此书的推出。笔者愿意将自己的所知所学与大家分享，并为象棋的普及和推广尽自己的绵薄之力。

此书在成书过程中得到了联众公司著名象棋工作者叶中先生的鼎力支持，及北京棋院常婉华大师、高锡昆、常燕玲、于平、刘国民、董晶晶、杨永明、李冉、梁群、郭全红、冯庆生、张鹏、李军、左岩、颜景师、肖永国、于少静、高京德、史思旋、刘文秀、李家铭、崔爽、何建中、黄健辉等人的帮助，在此一并致谢。

由于笔者水平所限，书中难免会有不妥之处。敬请广大象棋爱好者批评、指正，我们将不胜感激。

作者

2016年1月

目录

第一章 基础知识

第1课 象棋基础 ·· 2
    一、棋盘 ·· 2
    二、棋子 ·· 2
    三、棋谱记录 ·· 3
    四、常用术语 ·· 4
    五、简要规则 ·· 5

第二章 残局

第2课 车类残局一 ······································ 10
    一、车对双士 ······································ 10
    二、车对双象 ······································ 11
    三、车对单缺士 ···································· 11
    四、车对单缺象 ···································· 12
    五、车和士象全 ···································· 13
    六、车巧胜士象全 ·································· 13
    七、单车必胜马单士象 ······························ 14
    八、单车必胜炮单士象 ······························ 14

第3课 车类残局二 ······································ 16
    一、车和炮双士 ···································· 16

二、车和炮双象 17
　　三、车巧胜炮双象 17
　　四、车对三高卒 18
　　五、车对马双士 20

第4课 马类残局 25
　　一、单马擒王 25
　　二、马擒单士 26
　　三、马对单象 27
　　四、单马对单卒 29
　　五、马巧胜双士 32
　　六、单马帅和炮双士 32

第5课 炮类残局 34
　　一、炮单仕对单象 34
　　二、炮单仕对单士 35
　　三、炮单仕对双士 35
　　四、炮单仕相胜单士象 36
　　五、炮仕相全和单士象 36
　　六、双炮对双士 37
　　七、双炮对单车 38
　　八、炮双仕对单卒 40
　　九、双炮例和双象 40

第6课 兵类残局 43
　　一、单兵擒王 43
　　二、单兵对单士 45
　　三、单兵对双士 47
　　四、双兵对双士 48
　　五、三兵对士象全 49

第7课 车兵残局 52
　　一、车高兵帅对单车将 52
　　二、车低兵对单车将 53

三、车底兵对单车将 ………………………………………… 53
　　四、车兵对车单士 …………………………………………… 54
　　五、车兵巧胜车双士 ………………………………………… 57
　　六、车兵例和炮士象全 ……………………………………… 58

第8课　马兵残局 ……………………………………………………… 60
　　一、马底兵对单象 …………………………………………… 60
　　二、马底兵对双士 …………………………………………… 60
　　三、马高兵胜双士单缺象 …………………………………… 61
　　四、马高兵胜双象单缺士 …………………………………… 62
　　五、马高兵胜炮单象 ………………………………………… 62
　　六、马双兵对三卒士象全 …………………………………… 63
　　七、马低兵巧胜单缺象 ……………………………………… 63
　　八、马低兵巧破士象全 ……………………………………… 64

第9课　炮兵残局 ……………………………………………………… 66
　　一、炮高兵对双士 …………………………………………… 66
　　二、炮高兵对单象 …………………………………………… 67
　　三、炮低兵巧胜单象 ………………………………………… 67
　　四、炮低兵巧胜士象全 ……………………………………… 68
　　五、单炮巧和炮低兵 ………………………………………… 68
　　六、炮低兵巧胜炮双士 ……………………………………… 69
　　七、单炮对炮双士 …………………………………………… 69
　　八、炮高兵对单炮 …………………………………………… 70

第10课　实战残局 ……………………………………………………… 72
　　一、双马兵胜马炮卒士象全 ………………………………… 72
　　二、车炮兵对车炮双卒 ……………………………………… 73
　　三、车兵巧胜车单士象 ……………………………………… 73
　　四、车炮巧胜车炮卒 ………………………………………… 74
　　五、车兵巧胜单炮士象全 …………………………………… 74
　　六、车马巧胜马炮士象全 …………………………………… 75
　　七、车炮双仕巧和车马卒 …………………………………… 75

八、马炮兵对马炮 76

第三章　象棋杀法

第11课　杀法一 80
　　一、白脸将 80
　　二、闷宫 82
　　三、铁门栓 84

第12课　杀法二 87
　　一、重炮 87
　　二、大胆穿心 88
　　三、二路夹车炮 90

第13课　杀法三 93
　　一、马后炮 93
　　二、双将 95
　　三、八角马 96

第14课　杀法四 100
　　一、挂角马 100
　　二、卧槽马 102
　　三、双马饮泉 103

第15课　杀法五 107
　　一、钓鱼马 107
　　二、高钓马（侧面虎） 108

第16课　杀法六 113
　　一、金钩马 113
　　二、臣压君 114
　　三、双车错 115

第17课　杀法七 118
　　一、海底捞月 118
　　二、闷杀 119
　　三、炮辗丹沙 120

四、天地炮 121

第四章 炮类布局及中局

第18课 顺手炮 126
一、对打空头炮 126
二、弃马十三着 127
三、横车对直车 129
四、直车对横车 130
五、直车对横车（红方两头蛇对黑方双横车） 132
六、直车对缓开车 133
七、缓开车对直车 134

第19课 中炮对屏风马 137
一、中炮进七兵对屏风马进7卒（红方五九炮击中卒） 137
二、中炮进七兵对屏风马进7卒（红方急进中兵） 139
三、中炮进三兵对屏风马进3卒 141
四、中炮五七炮对屏风马 142
五、中炮横车七路马对屏风马 144
六、中炮三兵飞炮过河对屏风马三步虎 145
七、中炮巡河炮对屏风马 147

第20课 中炮对反宫马 150
一、中炮双正马对反宫马进炮串打 150
二、中炮进三兵对反宫马进3卒 151
三、中炮进七兵对反宫马 152
四、中炮五六炮对反宫马 153
五、中炮对反宫马弃空头 154
六、中炮横车对反宫马 155
七、中炮缓开车对反宫马 156

第21课 中炮对左炮封车 159
一、中炮进七兵对左炮封车转飞象 159
二、中炮进七兵对左炮封车转列炮 160

三、中炮进三兵对左炮封车转列炮（红方快马出击）……………… 161

　　四、中炮进三兵对左炮封车转列炮（红方两头蛇）………………… 163

　　五、中炮进三兵对左炮封车转后补列炮 ……………………………… 164

第22课　士角炮 …………………………………………………………… 167

　　一、士角炮对右中炮（红方进炮封车）……………………………… 167

　　二、士角炮对右中炮（红方进七兵）………………………………… 168

　　三、士角炮对进7卒 …………………………………………………… 169

　　四、士角炮对进左马 …………………………………………………… 170

　　五、士角炮对过宫炮 …………………………………………………… 171

　　六、士角炮对提横车 …………………………………………………… 173

第23课　过宫炮 …………………………………………………………… 175

　　一、过宫炮对左中炮 …………………………………………………… 175

　　二、过宫炮对进左马（红方出直车）………………………………… 176

　　三、过宫炮对进左马（红方进三兵）………………………………… 177

　　四、过宫炮对进左马（红方进七兵）………………………………… 178

　　五、过宫炮对挺7卒 …………………………………………………… 179

　　六、过宫炮对提横车 …………………………………………………… 180

　　七、过宫炮对过宫炮 …………………………………………………… 181

第五章　兵类布局及其中局

第24课　进兵局一 ………………………………………………………… 186

　　一、仙人指路对卒底炮（红方飞相）………………………………… 186

　　二、仙人指路对卒底炮（红方右中炮，黑方还顺炮）……………… 187

　　三、仙人指路对卒底炮（红方右中炮，黑方飞3象）……………… 188

　　四、仙人指路对卒底炮（红方右中炮，黑方飞7象）……………… 190

　　五、仙人指路对卒底炮（红方右中炮，黑方进左正马）…………… 191

　　六、仙人指路对卒底炮（红方左中炮）……………………………… 192

第25课　进兵局二 ………………………………………………………… 195

　　一、对兵局（红方平兵底炮，黑方飞象）…………………………… 195

　　二、对兵局（红方平兵底炮，黑方还中炮）………………………… 196

三、对兵局（红方兵底炮，黑方中炮）……………………… 197

　　　四、对兵局（红方跳马转顺象）……………………………… 198

　　　五、对兵局（红方跳马转逆象）……………………………… 199

　　　六、对兵局（红方跳马转中炮）……………………………… 199

第26课　进兵局三 ………………………………………………… 202

　　　一、仙人指路对起马一 ………………………………………… 202

　　　二、仙人指路对起马二 ………………………………………… 203

　　　三、仙人指路对起马三 ………………………………………… 204

　　　四、仙人指路对飞象 …………………………………………… 205

　　　五、仙人指路对过宫炮 ………………………………………… 206

　　　六、仙人指路对金钩炮 ………………………………………… 208

第六章　相类布局及其中局

第27课　飞相局一 ………………………………………………… 212

　　　一、飞相对左中炮 ……………………………………………… 212

　　　二、飞相对左过宫炮一 ………………………………………… 213

　　　三、飞相对左炮过宫二 ………………………………………… 215

　　　四、飞相对挺7卒 ……………………………………………… 216

第28课　飞相局二 ………………………………………………… 219

　　　一、飞相对挺3卒 ……………………………………………… 219

　　　二、飞相对右士角炮 …………………………………………… 220

　　　三、飞相对左士角炮 …………………………………………… 221

　　　四、飞相对进正马 ……………………………………………… 222

第七章　马类布局及其中局

第29课　起马局 …………………………………………………… 226

　　　一、起马对挺卒一 ……………………………………………… 226

　　　二、起马对挺卒二 ……………………………………………… 227

　　　三、起马对挺卒三 ……………………………………………… 228

　　　四、起马对挺卒四 ……………………………………………… 229

五、起马局对左中炮 230

六、进边马对左中炮 231

第八章 实战对局

第30课 名局精解 236

一、胡荣华红先胜刘星 236

二、陶汉明红先负许银川 238

三、赵国荣红先和李来群 240

参考答案 243

第一章　基础知识

　　学习象棋基础知识，了解它的基本构成，是初学象棋的必经之路。这一段的学习相对较易掌握，但也要争取打下牢固的基础，为以后的深入学习做好准备。

第1课 象棋基础

一、棋盘

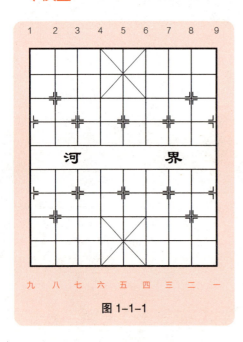

图 1-1-1

棋子活动的场所称为棋盘。如图1-1-1,棋盘呈长方形,由9条直线和10条横线相交而成。在棋盘上共有90个交叉点,棋子就摆在交叉点上。棋盘中部不画线的地方称为"河界",两端中部有斜线的地方称为"九宫"。棋盘以河界分为相同的两部分,红黑双方各占一边。为了便于学习和记录,棋盘中的9条直线红黑双方各从己方的右手边开数,红方用汉字一至九表示,黑方用阿拉伯数字1~9表示。

二、棋子

全盘共有32个棋子,红黑双方各有7个兵种,16个棋子。每方是帅(将)1个,士(仕)、相(象)、车、马、炮各2个,兵(卒)5个。棋子具体走法如下。

(1)帅、将 只能在九宫中行走,每次只能走一步。前进、后退、横走都可以。帅和将不准在同一直线上直接对面。

(2)士、仕 只能在九宫内行走,每次沿斜线走一步,可进可退。

（3）相、象　不能越过河界。每一着斜走两步，可进可退，俗称相（象）走田。当田字中心有别的棋子时，称塞相（象）眼，则不许走过去。

（4）马　每着走一直一斜，可进可退，俗称马走日。在马行进的方向上与马紧挨的位置有别的棋子，马不能跳过去，俗称绊马腿。

如图1-1-2，红马不能吃黑车，而黑象也不能吃掉红方边线的兵。

（5）车　每一着可以直进、直退、横走，不限步数。

（6）炮　走法和车一样，只有在吃子时，中间需隔一子。

（7）兵、卒　未过河界前直行一步，过河界后，可以向前一步，也可以横着平一步，但兵（卒）无论过河与否，均不能后退。

以上棋子的走法即为它的吃子方法，炮打隔子除外。即在走棋时，己方棋子能够走到的位置有对方棋子存在，就可以吃掉它而占领那个位置。棋子在棋盘上的原始位置如图1-1-3。

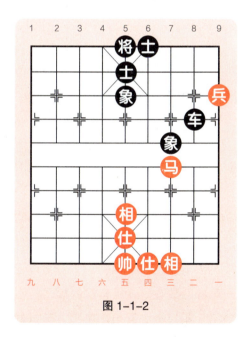

图1-1-2

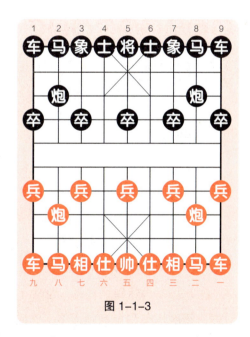

图1-1-3

三、棋谱记录

所谓记录就是在下棋当中，把双方的着法逐着写下来。这样便于保存和研究使用。具体的方法是，每着用4个字表示，如马二进三。第一个字是走动的那个棋子名称，第二个字是棋子所在直线的数字（如一方相同两个兵种所在直线相同，则第一个字可用"前""后"表示,如前车平八),第三个字指棋子行动的方向,向前用"进",向后用"退",横行用"平",第四个字表示新到达的直线的号码或进退的格数。

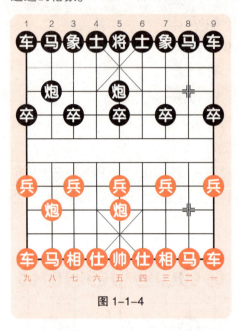

图 1-1-4

记录有完整记录和简写记录两种。如红方第一步走右手炮平中,黑方应以同方向的炮平中。如图1-1-4完整记录可记为①炮二平五,炮8平5。红方的数字用汉字数字表示,而黑方的数字则用阿拉伯数字表示。简写记录可记为①炮25,炮85。简写都用阿拉伯数字,遇到有进退时,只需在最后的数字上加横杠。如炮2<u>5</u>(进),炮25(退)。

四、常用术语

象棋的术语多种多样,它是人们通过无数实战提炼而成的。尽快掌握它们对于朋友们学习象棋是很有帮助的。

(1)将军 在对局中,一方棋子攻击对方的帅(将),并在下一着能将其吃掉,称为"将军",或简称"将"。

(2)应将 被对方将军时总要应将,不能任由对方吃去帅(将)。方法可以这样:①吃掉对方将军的棋子;②帅(将)躲开对方的进攻;③用自己的棋子挡在对方将军的棋子和自己帅(将)之间,也称垫将;④对方如果用炮将军,可拆散其炮架。

(3)将死 被将军方必须立即应将,如果无法应将,即被将死。

(4)困毙 轮到行棋的一方,无子可走,即被困毙。

(5)巡河 棋子在"河界"上己方横线上时,称为"巡河"。

(6)骑河 棋子在"河界"上对方横线时,称为"骑河"。

（7）肋道　棋盘中第四、第六两条竖线，一般称为"肋道"。

（8）兵林线（卒林线）　棋盘中摆有兵或卒的那条横线。

（9）底线　棋盘两端的第一条横线。

（10）对局　两方下棋称"对局"，也称"对弈"。

（11）全局　指整个一盘棋，从头到尾。

（12）局面　指对局中任意一个盘面上子力的定格。

（13）胜势　对局中一方优势很大，胜利在望。

（14）胜定　对局中一方无论在物质上和形势上都占有巨大优势，而另一方却无还手之力。

（15）绝杀　对局中一方下一步要将死对方，而对方又无法解救，称为"绝杀"。

（16）先手　一般指一方在下一手有明显的便宜可占或整体局面好走。

（17）优势　局势发展到一定程度，一方明显好下。

（18）均势　指双方势均力敌。

（19）等着　就是等待一着，主动让对方来走。此着并无明显作用，多是等待机会。多见于残局。

（20）空着　毫无作用的棋，容易让对方利用。

（21）羊角士　士支在九宫上角，称羊角士。

（22）单缺士（仕）　对局中，完整的士（仕）象（相）缺了一士（仕），称单缺士（仕）。

（23）单缺象（相）　对局中，完整的士（仕）象（相）缺了一象（相），称单缺象（相）。

五、简要规则

实际上象棋的规则还是比较复杂的，笔者也是一名象棋国家级裁判。通过自己多年执裁的经历，深深体会到，要想较好地掌握规则是很不容易的。从某些方面来说，象棋的规则可以算作学术范畴。这也从一个侧面说明了象棋的博大精深。这里只给大家介绍一些简单的规则。

1. 胜负、和棋的确定

最新象棋规则中关于胜负的规定有13条之多。其中最常见的有这样3条，对局时一方出现下列情况之一，为输棋（负），对方取胜：①帅（将）被将死；②被困毙；③走棋后形成帅（将）直接对面，主动送吃，或没有应将，听任对方吃帅（将）。对局时出现下列情况之一时，为和棋：①一方提议做和，另一方表示同意；②双方均无取胜可能的简单局势；③棋局出现待判局面，符合"棋规"中"不变做和"的有关规定。

2. 关于走子和禁止着法及允许着法

其实象棋最简单的规定就是"摸子走子，落子无悔"。也就是平常所说的不许悔棋。禁止着法就是指"将""杀""捉"3种情况，对局中是不允许单方面长将的。

如图1-1-5，红先。

① 车五平六，将4平5

② 车六平五，将5平4

本局中黑方下手车8进3即将死红方，红方无法解杀，无奈用车长将。这样是不行的，将到第六步，会被判负。

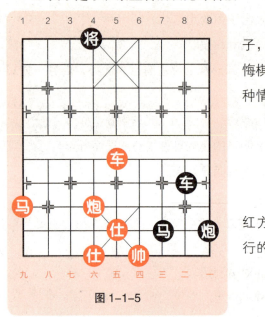

图1-1-5

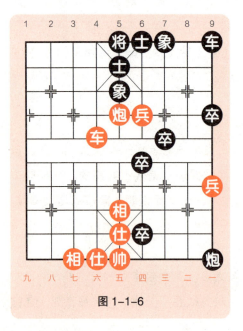

图1-1-6

如图1-1-6，红先。车六平八，将5平4；车八平六，将4平5。红方看到黑方下着要走车9平8，形成绝杀，故用车一将一杀，红方要变着，不变判负。

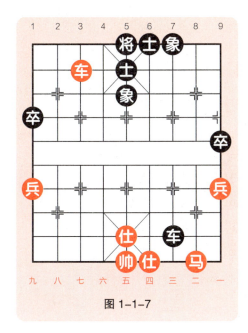

图 1-1-7

如图 1-1-7，红先。马二进一，车 7 退 1；马一退二，车 7 进 1。红马长捉黑车，即使黑车 7 进 1 后有车 7 平 8 吃死红马的手段，红方也必须变着，不变判负。允许着法就是走出的着属闲着，不带攻击性，如兑、献、拦、跟等。

如图 1-1-8，红先。
① 车四平二，车 8 平 6
② 车二平四，车 6 平 8
红方长兑黑车，双方不变做和。

如图 1-1-9，红先。
① 车三平二，炮 8 平 7
② 车二平三，炮 7 平 8
红车长拦黑炮，双方不变做和。

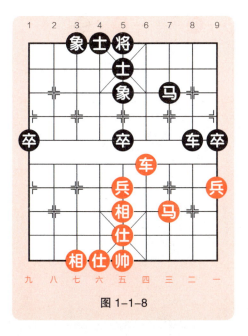

图 1-1-8

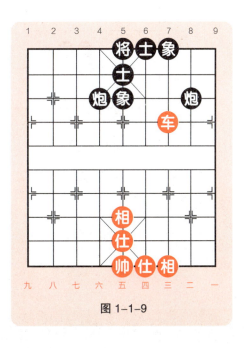

图 1-1-9

 小练习

第1题：请将以下着法在棋盘上依次摆出。

① 炮二平五，炮8平5　② 马二进三，马8进7

③ 车一进一，车9平8　④ 车一平六，车8进4

⑤ 马八进七，马2进3　⑥ 车六进五，炮2进2

⑦ 兵七进一，炮2平7　⑧ 马七进八，卒3进1

⑨ 兵七进一，炮7进3　⑩ 炮八平三，车8平3

第2题：如图，红方四路线的仕的形状叫什么？

第3题：如图，红炮能吃掉黑车吗？

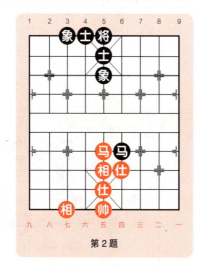

第2题

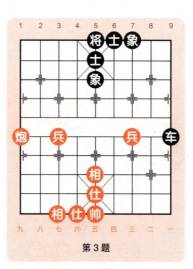

第3题

第4题：请依次回答象棋当中双方共有多少棋子，每方多少棋子，有几个兵种，各是什么？

第二章 残局

　　从本章开始，我们先来学习象棋的残局部分。象棋的全局一般分为开局、中局、残局3个部分，残局子力较少，更容易掌握一些。要想下好残局，就要学好残局的生死棋形，知道一些棋如何去赢，而另一些棋又如何去守和，只有这样做到心中有数，才能在下中局时有的放矢，过渡到有利于己方的残局中。

第2课　车类残局一

一、车对双士

单车是必胜双士的,方法是逐个吃掉两个士。

如图2-2-1,红先(本书如无特殊说明,均为红先)。

① 车一平八,士6进5

黑方如改走士4退5,车八平六,将4平5,帅五进一,黑方被困毙,红胜。

② 车八进三,将4进1　　　③ 帅五平六,士5进6

④ 车八退二,士6退5

红方如改走车八退一,将4退1;车八平四,士6退5;车四平五,红方亦胜。

⑤ 车八进一,将4退1　　　⑥ 车八平五,红胜

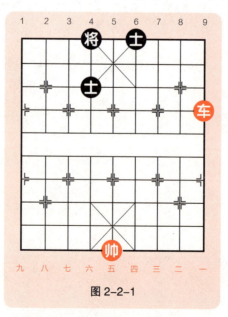

图2-2-1

二、车对双象

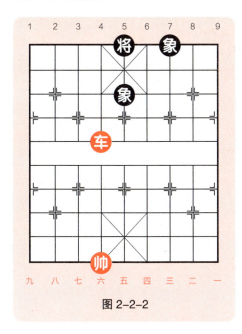

图 2-2-2

如图 2-2-2。

① 车六进四，将5进1

② 帅六平五，象7进9

③ 车六平一，象9进7

④ 车一平三，将5平6

黑方如改走象7退9，则红方车三退二，红方得象胜。

⑤ 车三平五，象5进3

⑥ 车五退四，象7退5

⑦ 车五平四，将6平5

⑧ 车四平七，得象红胜

三、车对单缺士

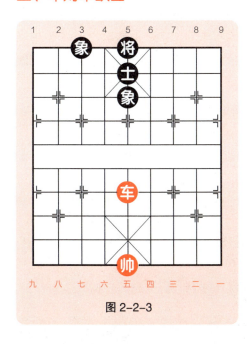

图 2-2-3

红方可以发挥帅的助攻力量，黑方单士缺乏保护，必将被车吃掉。

如图 2-2-3。

① 车五平二，象5退7

红方运车到没象的一侧，准备彻底牵制底士，借帅力吃士。

② 车二进五，象3进5

③ 帅五进一，士5退4

红方为等着，黑方必须落士。

④ 车二平八，象7进9

红方平车向无底象的一侧，躲过对手双象的掩护。

⑤ 车八进一，象9退7

⑥ 帅五平六，红方胜势

四、车对单缺象

图 2-2-4

先用"十字路口抓大象"把象吃掉,再破士。

如图 2-2-4。

① 车二进五,象 5 退 3

② 车二平七,象 3 进 1

③ 车七平九,红方胜势

图 2-2-5

在实战过程中,也有可能你有机会直接吃掉对手的士,并不是象,那当然也是不错的结果,不要死记硬背教条,只要做到快速、准确取胜就可以了。

如图 2-2-5。

① 车七进三,象 5 进 7

② 车七进二,将 6 进 1

③ 车七平三,象 7 退 5

④ 帅五平四,士 5 进 4

⑤ 车三退一,将 6 退 1

⑥ 车三平六,士 4 退 5

⑦ 车六平五,红方胜势

五、车和士象全

图 2-2-6

如图 2-2-6。

① 车五平八，士 5 退 4

② 车八平六，士 4 进 5

③ 帅六进一，象 7 进 9

④ 帅六退一，象 9 退 7，和棋

六、车巧胜士象全

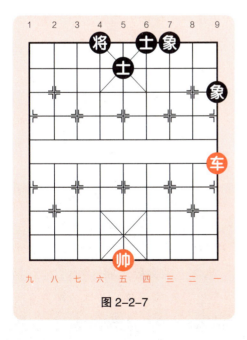

图 2-2-7

如图 2-2-7。

① 车一进一，将 4 平 5

② 车一平五，将 5 平 4

③ 帅五进一，将 4 进 1

黑方如改走将 4 平 5，红方帅五平六！黑方只能丢象。

④ 车五平六，士 5 进 4

⑤ 帅五平六，士 6 进 5

⑥ 车六平八，士 5 进 6

⑦ 车八进二，士 6 退 5

⑧ 车八进一，将 4 退 1

⑨ 车八平五，得士红胜

七、单车必胜马单士象

图 2-2-8

凭借马单士象的力量无法组织很好的防御，所以无法挡住单车，无法守和。

如图 2-2-8。

① 车二平五，象5进3

② 车五退一，象3退1

③ 车五平九，吃象红胜

另一种下法：

① 车二进三，士5退6

② 帅五平四，吃士红胜

八、单车必胜炮单士象

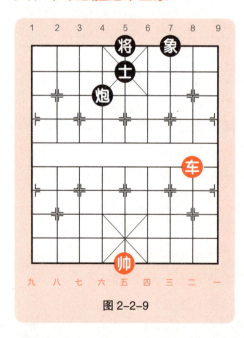

图 2-2-9

凭借炮单士象的力量无法组织很好的防御，所以无法挡住单车，无法守和。

如图 2-2-9。

① 车二平三，炮4退2

红方如改走车二进五，炮4退2；车二退一（这个计划有欠周密，但因为黑方实力不济，不影响大局），象7进5；车二退四（重新高车再来），将5平6；车二平四［如车二平五，将6进1；车五进三？（这是红方唯一不能掉以轻心的地方），炮4平5；黑方反败为胜］将6平5；帅五平四（先把红帅和车分开一条线，避开黑方唯一的偷着，牵制住将士再回来），炮4平3；车四平五，象5进3；帅四平五，红方得士胜。

② 车三平五，炮4进2　　③ 车五进四，将5平6

这个定式不难，只需要红帅占中逐个突破就行了。

④ 车五进一，将6进1　　⑤ 车五平三，炮4平6

⑥ 车三退三，将6退1　　⑦ 车三平四，将6进1

⑧ 帅五进一，将6退1　　⑨ 车四进一，红胜

小练习

第1题：如图，红先，红方如何取胜？

第2题：如图，红先，试走出红方取胜着法。

第1题

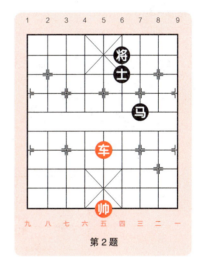

第2题

第3课　车类残局二

一、车和炮双士

如图2-3-1。

① 车二平九，将5平4

黑方出将是正着，如改走炮4退2，红方车九进四胜。

② 车九进四，将4进1　　③ 帅五平六，炮4进1

④ 车九退三，炮4退1　　⑤ 帅六进一，将4退1，和棋

图2-3-1

二、车和炮双象

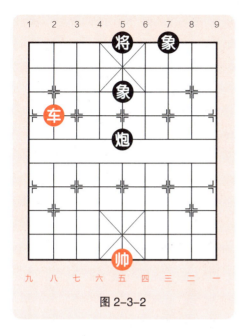

图 2-3-2

如图 2-3-2。

① 车八平五，炮5平7

② 车五平三，炮7平5

③ 帅五进一，炮5进1，和棋

黑方低象中联，炮在中路，一旦红方中车离开，黑炮尽快回中，红方不能取胜。

三、车巧胜炮双象

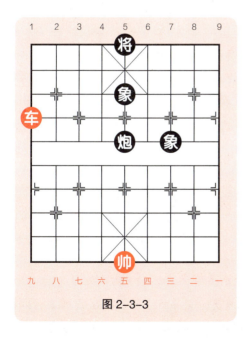

图 2-3-3

如图 2-3-3。

① 车九进三，将5进1

红方必要的一手，如直接车九平五，炮5平3；车五退一，炮3退3；车五平三，炮3平5，红方反丢车。

② 车九退四，炮5退1

③ 车九进一，炮5进2

④ 车九平五，炮5平2

⑤ 车五退一，将5平4

⑥ 车五平六，将4平5

⑦ 车六平三，得象红胜

四、车对三高卒

三高卒想守和单车，必须使自己先保持紧密联系，有以下几种情况可以完成和棋定式：①如图2-3-4，三高卒并排联手在棋盘的中路并在一侧（比如3、4、5路或者5、6、7路）；②如图2-3-5，三卒在中路集中一起，而且有两卒重叠，在中路筑成两道防线，用将和卒交换走闲着，切记前卒一定要跟住车方帅的转移，不可疏忽，才能守和。但是如图2-3-6，三高卒占据棋盘最中间的4、5、6路来防守单车就不容易守和，遮住自己的将脸的肋道卒必须由左右两卒支援，才可万无一失，形成和棋。

如图2-3-4。

① 帅五平六，卒5平6

红方平帅牵制4路卒，准备借机吃中卒，把黑卒拆开。黑方没有别的选择，必须平卒躲避。

② 车五进一，将4进1

红方的闲着，黑方可以靠上下移动将来防守。当然不能卒3平2，否则红方车五平六，黑方丢卒；也不能卒6平7自行远离大部队，否则红方帅六平五，白脸将杀。

③ 车五进一，将4退1

红车占中控制黑将，试探应手。

④ 车五进一，卒3平2

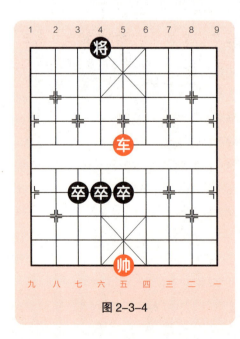

图2-3-4

黑方唯一正确的下法。不可下卒，否则失掉三卒互相联防的关系；也不可以卒6平7，使两卒之间距离过远，车五退五，逐个击破。卒3平2，三卒只相隔一步之遥，可随时联系起来，这样才能守住单车。

⑤ 车五退三，卒2平3
⑥ 车五进一，将4进1
⑦ 车五平四，卒6平5
⑧ 车四平七，将4平5

黑方将4平5保护3路卒正确，不可卒3平2；车七平五，卒5平6；车五平六，红胜。

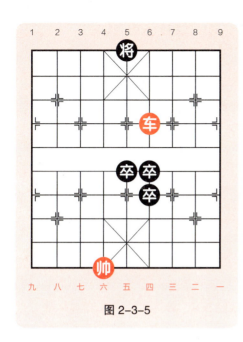

图 2-3-5

⑨ 帅六平五，将5平6
⑩ 车七平四，将6平5
⑪ 帅五平六，将5退1，和棋

如图2-3-5，红先。

① 帅六平五，前卒平5

红方进帅准备车四退二吃卒。黑方平卒遮住红帅的威胁是这个定式关键所在。

② 车四平五，将5平6

③ 车五进二，前卒平6

红车入宫心控制将，看黑方应对。红车低头后无法照将就可以动屏障后面的兵线卒。

④ 车五退三，前卒平5

黑卒回来遮将脸。

⑤ 帅五平四，前卒平6

只有一卒遮挡红帅的时候，肯定有危险。红方准备偷袭黑卒。黑方跟住红帅，一刻不能放松。

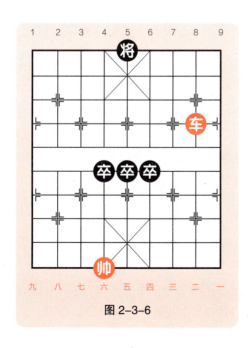

图 2-3-6

⑥ 车五进三，卒5平4
⑦ 车五退二，卒4平5
⑧ 帅四平五，前卒平5，和棋

如图2-3-6。

① 车二平五，将5平6

黑方如将5平4；车五进二，卒4进1（如卒6平7，则红方车五退四，得卒）；车五退二，卒5进1；车五退三，红方得卒胜。

② 帅六平五，卒6平7

红方准备中路牵制，下一手车五平四，将6平5；车四退二，得卒。

③ 车五平三，卒7平8

黑方被红车帅的组合逼得已经无法再拉手，这是输棋的原因。如卒7平6，则红方车三平四，将6平5；车四退二，红方得卒胜。

④ 车三平四，将6平5　　⑤ 车四退二，卒8进1

红方借将和牵制顺利进入黑方的防线吃到被冲散的黑卒。

⑥ 车四退一，卒8进1　　⑦ 车四退一，卒8进1

⑧ 车四退一，卒8进1

黑卒已被吃死，红方胜定。

⑨ 车四退一，将5进1　　⑩ 车四平二，将5退1

⑪ 车二进九，将5进1

红方胜双卒的办法很多，只要借助帅力，黑方就已经没有力量抗衡了。

⑫ 车二平六，将5平6　　⑬ 车六平五，卒5平6

如黑方改走将6进1，则红方车五退一，卒5平6；帅五平四，和实战一样。

⑭ 帅五平四，卒4平3　　⑮ 车五退五，红胜

五、车对马双士

凭借单车的力量，借助捉吃黑马的机会可以将黑士逐个突破，取胜马双士。黑方要想守和，必须争取把马藏在将门的背面，也就是有士的一侧，以"士"当山，马藏在山的后面，使车无法捉马争先。单车方必须懂得如何把马赶到无士的一侧，方可取胜。这个过程我们俗称"捉山后马"，步骤有些烦琐，要仔细研究，多加演练，自己总结规律，才可慢慢领会其中的原理，在实战中才不会与到手的胜利失之交臂。单车对马双士属于略有难度的残局定式。

取胜要领：①红方通过底线逼将的办法，迫使黑士倒换位置（这个步骤有一定规律，在之后的图例中我们会进行分解，**要熟练掌握**），无疑就等于把马赶到无士的一侧；②在倒士的过程中，尽可能将马赶到边路，远离中线；③借助捉马之机先手高车，锁住将门；④用红帅拴住黑方肋士，破士取胜。

如图2-3-7。

① 帅五平六，马6退8

如红方单纯用车捉马走车六平四，马6退8；车四平二，马8进6；车二进二，马6进7；车二平三，马7退9；车三退一，马9退8；车三平二，马8进6；黑马肯定坚守山后这块阵地，单车是不能达到赶马到将门一侧的，所以仔细思考，倒

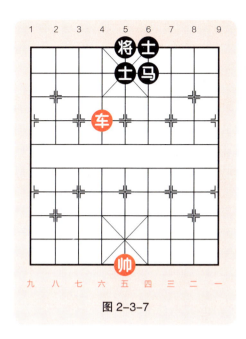

图 2-3-7

士与赶马这两种走法最后效果是一样的，实现起来更容易。

黑方的防守原则，并不是使马过河，而是不让对手吃死马或利用吃马取势。所以马在下三路以下活动主导思想是正确的。

如黑方马6进8；车六平八，士5退4；车八进三，士6进5；帅六平五，马8退6；车八退三，红方胜势。

② 车六平七，士5退4

黑方不能马8进6，否则红方车七进二，黑方动马丢士，动士丢马，已成败局。

③ 车七进二，马8进7

红方如直接车七进三，则马8进6。

如果黑方士6进5，则红方帅六平五（黑方自行提前把马放到无士一侧，红方提前达到预想的情况），马8进7；车七退二，马7进6；车七平一，马6进5（如将5平6，则红方车一平四，红得马胜）；车一进三，士5退6；车一退六，红方得马胜。

④ 车七进一，士6进5　　　⑤ 车七退三，士5退6

红方控制马不能轻易过渡到另一侧。如直接帅六平五，马7进5；车七退三，马5退4；黑方又回到山后马的位置。黑方按照最顽强的办法尽快倒士，不让红方进帅。

⑥ 车七平三，马7退8　　　⑦ 车三进二，马8进9

⑧ 车三平六，士4进5

红方通过逼马到边路，再后来逼黑方倒士，为之后黑马不能快速重新回到山后做足准备。这是取胜关键，要细细体会。

⑨ 车六平八，士5退4　　　⑩ 车八进一，士6进5

⑪ 帅六平五，马9进7

与第三回合比较，黑马的位置变动了，也就是往山后移动的步伐慢了许多，红方有充分时间借捉马实施之后的计划。

⑫ 车八退二，马7进5

黑马尽力向另一侧调动，但已经来不及了。

⑬ 车八平三，将5平6　　⑭ 车三进二，将6进1

⑮ 车三退四，马5进3

红方之前所有的工作都是为了这个捉马肋道牵士的步骤。

如黑方马5退4，则红方车三平四，士5进6；帅五平四，士4进5；车四平三，马4退3（刚好不能退马保士）；车三进三，将6退1；车三进一，将6进1；车三平七，红方得马胜。

⑯ 车三平四，士5进6　　⑰ 帅五平四，士4进5

如图2-3-8，用红方帅牵制是得士的必经之路。

⑱ 车四平七，马3进5

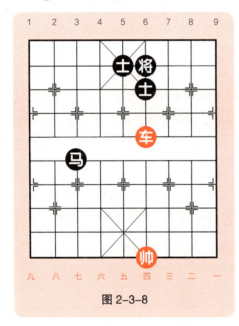

图2-3-8

红方平车吃马着法紧凑，把马往自己阵营里面赶，不让黑方马3退4回防保士。如直接车四平三会稍有些麻烦，马3退4保中士；车三平五（好棋，控制马不能上肋道遮将，红方如车三进一，则马4进6），马4进3（如马4退2，则红方车五进一，马2进3；车五平三，红胜）；车五平七，马3进5；车七平三，马5进4；帅四进一，马4退5；帅四进一，士5进4；车三进三，将6退1；车三退一，红胜。

⑲ 车七平三，士5进4

红方已经形成车胜双士的局面，黑马被捉吃后现在的位置已经没办法和士联合防守，形同虚设。

⑳ 车三进三，将6退1　　㉑ 车三退一，士4退5

㉒ 车三进二，将6进1　　㉓ 车三退一，将6退1

㉔ 车三平五，马5进7　　㉕ 帅四进一，红胜

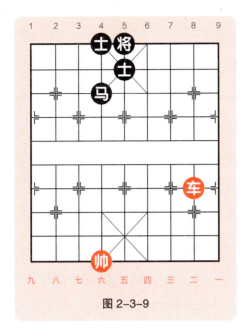

图 2-3-9

如图 2-3-9。如果实战中，黑马没有回到山后的位置，那我们赢起来会更轻松些。

① 帅六平五，将 5 平 6

② 车二平四，将 6 平 5

③ 车四进四，马 4 退 3

④ 车四平七，马 3 进 1

⑤ 车七退一，将 5 平 6

红方退车控制马在边路远离中线，马想往山后的位置跳就很难了。

⑥ 帅五进一，将 6 平 5

⑦ 帅五平四，士 5 退 6

倒士步骤一：红方出帅控制。

如黑方士 5 进 6 高士防守，红方更容易牵制得手；帅四退一，士 4 进 5；帅四平五，将 5 平 6；车七进二，马 1 进 2；车七进一，将 6 进 1；车七退三，马 2 退 1；帅五平四，将 6 退 1；车七进二，红胜。

⑧ 车七平四，士 6 进 5

⑨ 车四平二，士 5 退 6

⑩ 车二进三，士 4 进 5

倒士步骤二：红方底线吸士。

⑪ 帅四平五，马 1 进 2

倒士步骤三：红方中路牵制，黑士不能再倒回去。

⑫ 车二退三，马 2 退 4

⑬ 车二平九，将 5 平 4

⑭ 车九进三，将 4 进 1

⑮ 帅五平六，士 5 进 6

红方黏住马，黑方无子可动，只得丢士。

⑯ 车九平四，红胜

 小练习

第1题：如图，红先，红方如何取胜？

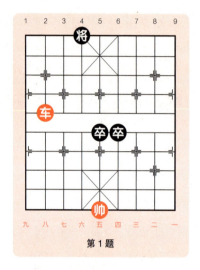

第1题

第2题：如图，红先，红方如何取胜？

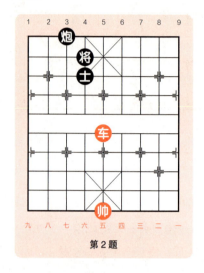

第2题

第4课 马类残局

一、单马擒王

单马的攻防变化相对简单，杀王也比较清晰，用连续将军的办法蛮力是不行的，最后需要己方帅占中，形成困毙而胜，最后形成"单马困孤将"的定式。但是因为定式取胜方法较多，也可能有一种或多种道路都通向胜利，所以只要快速取胜就可以了。

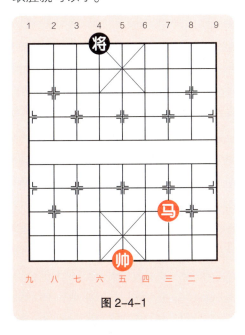

图 2-4-1

如图2-4-1，一侧红帅已经占中的单马擒王。

第一种攻法：
① 马三进四，将4进1
② 马四进三，将4退1
③ 马三进四，将4进1
④ 帅五进一，红胜

第二种攻法：
① 马三进四，将4进1
② 马四进六，将4进1
③ 马六退八，将4退1
④ 马八进七，将4退1
⑤ 帅五进一，红胜

第三种攻法：
① 马三进一，将4进1 ② 马一进三，将4进1

③ 马三进二，将4退1　　　④ 马二进四，将4退1

⑤ 帅五进一，红胜

不难看出只要红方最后控制黑将所处的肋道"象眼"，或者控制黑将在肋道不能上下移动，这样就可以取胜了。但注意这些所有控制的点里面中卒的位置是不行的，因为黑方不会被困毙，可以进将解围，那红方的攻法就啰唆了，还得出帅重新来过。所以马避开中路前进，是最快捷的攻法。

如图2-4-2。

第一种攻法：

① 马三进四，将5进1

② 马四进六，将5平4

③ 帅四平五，将4退1

④ 马六退八，将4进1

⑤ 马八进七，将4退1

⑥ 帅五进一，红胜

第二种攻法：

① 马三进五，将5进1

② 马五进四，将5退1

③ 马四进六，将5平4

④ 帅四平五，将4进1

⑤ 马六进四，将4退1

⑥ 帅五进一，红胜

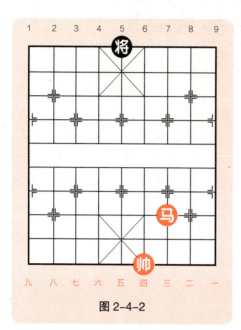

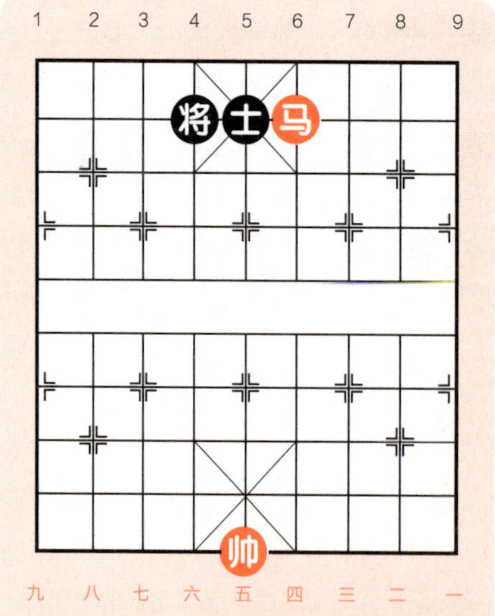

图 2-4-2

二、马擒单士

如图2-4-3。

① 马四退五，将4进1

如黑方改走将4退1，则红方马五进七，将4平5；马七进五，红方得士胜。

② 马五进三，士5进6

图 2-4-3

③ 马三退四，士6退5

如黑方改走将4退1，则红方马四进六，红方得士胜。

④ 马四进六，士5退4
⑤ 马六进八，士4进5
⑥ 马八进七，将4退1
⑦ 马七退五，得士红胜

按照单马胜将的规律，红方就要首先吃掉黑士。本例当中，红方七步吃士，也称七步擒士。红马吃士的步伐是有线路的，如果按照坐标来说，就是5、3、4、6、8、7、5，很像一组电话号码。

如图2-4-4。

① 马四退五，士5进6
② 马五进七，将4进1
③ 帅五进一，将4进1

红方停一步，使棋局又回到前面的图形中。

④ 马七退八，士6退5
⑤ 马八进六，士5退6
⑥ 马六进八，士6进5
⑦ 马八进七，将4退1
⑧ 马七退五，将4进1
⑨ 马五退七，将4进1
⑩ 马七进八，将4退1
⑪ 帅五退一，红胜

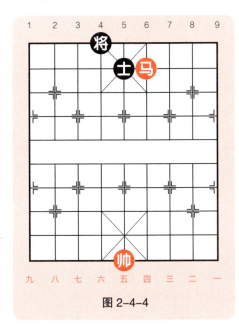

图 2-4-4

三、马对单象

马对单象有胜有和，主要是看将与象的位置，一般来说将象同边要输棋，将象分于两边和面较大，但也有例外。

如图2-4-5。

① 马八进七，将6退1

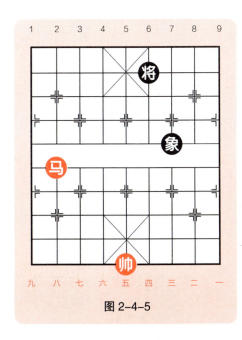

图 2-4-5

红方进马控制，不让黑象回中。

② 帅五进一，将6进1　　　③ 马七进八，将6退1

黑方仍不可象7退5，否则红方马八进六，将6平5；马六退五，红方得象。

④ 马八进六，象7退9　　　⑤ 马六退七，象9进7

⑥ 马七退六，将6进1　　　⑦ 马六进四，将6退1

⑧ 帅五退一，象7退9　　　⑨ 马四进二，得象红胜

如图2-4-6，黑先。

① ……　　象3退1？

如果觉得将象分开得越远越安全，也是不对的，黑方应走象3退5，红方难以取胜。

② 马四进六

马禁将象，红胜。

如图2-4-7，如黑先，将6退1可成和局，如红先就不一样了：

① 马五进七，象5退3

如象5进7，红方马七退六后再马六进四，成图2-4-6的赢法。

② 马七进六，象3进1　　　③ 马六退八，象1进3

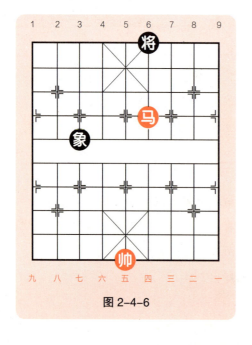

图2-4-6

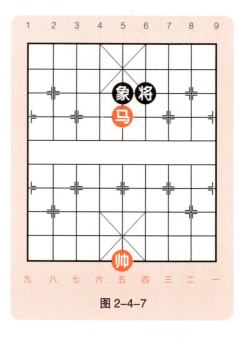

图2-4-7

如黑方将6退1，则红方马八退六，将6退1；帅五进一，红胜。

④ 马八退六，象3退5　　　⑤ 马六退五，将6退1

⑥ 马五进三，将6平5　　　⑦ 马三进五，得象红胜

四、单马对单卒

（一）单马例和单卒

守和要领：单卒远离自己的将，避免马吃双，将和卒交换走闲着。

如图2-4-8。

① 帅五进一，将4进1　　　② 马七进六，将4退1

③ 马六进七，卒1平2　　　④ 帅五进一，卒2平1，正和

（二）单马巧胜单卒

当单卒没有过河，且与将距离较近，红马就有机会同时控制两个子力，而形成借将或借困毙吃卒取胜。取胜技巧：①要用帅力控制中路；②计算步数，尽量先避免黑卒过河；③闲着逼将走到被吃双的位置；④吃卒。

如图2-4-9。

① 马七进八，将5退1

红方尽量延缓卒的过河速度。黑方将5进1的结果和实战变化接近。

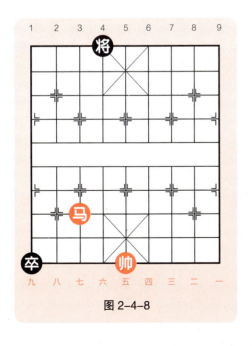

图2-4-8

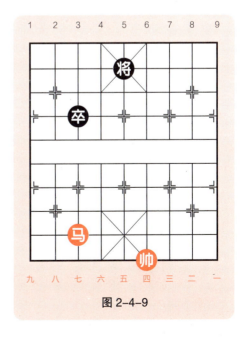

图2-4-9

② 马八进九，卒3进1　　　③ 帅四进一，将5进1

红方进帅为等着，逼黑将走到被红方吃双的位置，如果红帅处于六路，那么黑将往相反的方向移动，此局就不能取胜了。如黑方将5平4则红方帅四平五，将4进1；马九进八，红方得卒胜。

④ 马九进八，卒3进1　　　⑤ 马八退六，将5退1

⑥ 马六退七，红胜

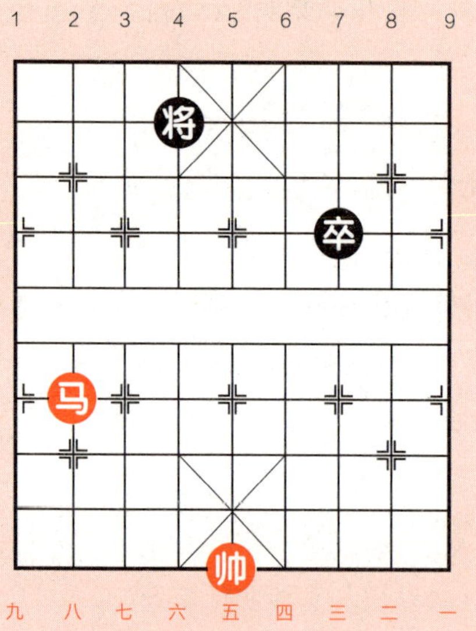

如图2-4-10：黑卒和将距离比较远，而且红马看上去也很难迅速到位。但经过仔细计算，只要黑卒还没有过河，红方就有取胜的可能。

① 马八进六

黑方第一种应法：

①……　卒7进1

② 马六进七，将4退1

③ 马七退五，将4平5

红方现阻止黑卒过河是最必要的，而且迫使黑方进将，向卒慢慢靠拢，便于捉双。

④ 帅五平六，将5进1

图2-4-10

红方帅平六路为之后把将赶到卒的一侧做准备。

⑤ 帅六进一，将5平6

如黑方将5退1，则红方马五进四，得卒胜；又如黑方将5进1，红方亦马五进三，将5退1；马三退一，和主变攻法一样。

⑥ 马五进三，将6平5　　　⑦ 马三退一，将5进1

⑧ 帅六进一，将5平6

黑方被迫出将，如改走将5退1，则红方马一进二，卒7进1；马二退四，红方得卒胜。

⑨ 帅六平五，将6退1　　　⑩ 马一进二，将6退1

⑪ 马二退三，红胜

黑方第二种应法：

① …… 将4进1
② 马六进七，卒7进1
③ 帅五平四，卒7进1
④ 马七退五，将4平5
⑤ 马五退三，红胜

黑方第三种应法：

① …… 将4退1
② 马六进五，将4平5
③ 帅五平六，将5进1
④ 马五进三，将5退1

如黑方将5进1，则与主变攻法一样。

⑤ 马三退一，将5进1

红方退马边路控制卒，是取胜的关键。

⑥ 帅六进一，将5进1
⑦ 马一进二，卒7进1

红方进马赶卒进一步，使卒的位置便于红方对卒和将双禁，否则没有踩双的马脚。

⑧ 马二退三，将5退1
⑨ 马三退一，将5退1

红方现在的位置，踩双举手可得。

⑩ 帅六退一，将5进1
⑪ 马一进二，卒7进1
⑫ 马二退四，将5平6
⑬ 马四退三，红胜

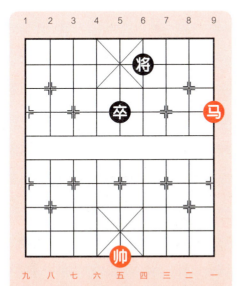

图 2-4-11

如图2-4-11。

① 马一退三，卒5进1
② 马三进二，将6平5
③ 帅五平六，将5进1

如黑方将5退1，则红方马二退四，将5平6；帅六平五，将6平5；马四进六，将5进1；马六退五，红方得卒胜。

④ 马二退四，将5平6
⑤ 帅六平五，将6平5
⑥ 马四退三，卒5进1
⑦ 马三进四，卒5进1
⑧ 马四退六，将5退1
⑨ 马六退五，红胜

五、马巧胜双士

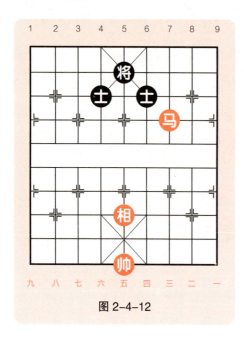

图 2-4-12

正常情况下,马是不能够取胜双士的,但在特定条件下是可以巧胜的。

如图 2-4-12。

① 马三退五,将5进1

② 帅五平四,士4退5

如黑方误走士6退5,则红方马五进三,红胜。

③ 相五进七,士5退4

④ 马五进四,得士红胜

六、单马帅和炮双士

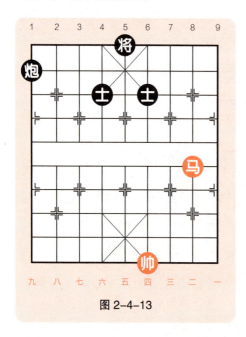

图 2-4-13

如图 2-4-13。

① 马二进三,将5进1

红方进马看住黑方叫杀点,而且也是红方守和的要点。

② 帅四进一,炮1退1

③ 马三进二,炮1平7

④ 帅四退一,炮7进1

⑤ 马二退三,和棋

红方马随黑炮走,交替在这两点跳跃,黑方无法取胜,和棋。

 小练习

以下各题均为红先,红方如何取胜?

第1题

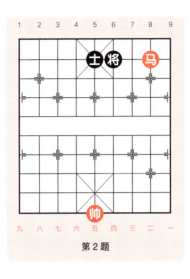
第2题

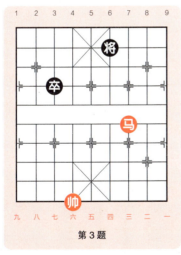
第3题

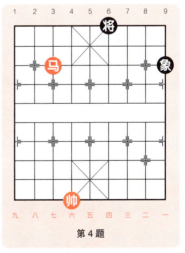
第4题

第5课 炮类残局

一、炮单仕对单象

如图2-5-1。

① 炮九退二，象5进3

如黑方将5进1，则红方炮九平五，将5退1；炮五进七，红方得象。

② 炮九平五，将5平4 ③ 帅四进一，将4进1

④ 帅四进一，将4退1 ⑤ 帅四平五，象3退5

⑥ 仕五进六

至此，黑方不能躲象，红方有炮五平六杀棋，红胜。

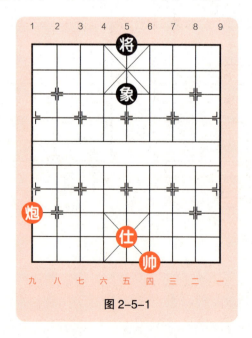

图2-5-1

二、炮单仕对单士

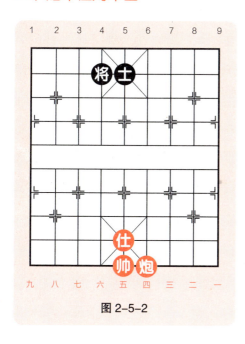

图 2-5-2

如图 2-5-2。

① 仕五进六，将 4 退 1
② 帅五进一，将 4 进 1

如黑方将 4 平 5，则红方炮四平五，黑方丢士。

③ 炮四平六，士 5 进 4
④ 帅五退一，将 4 退 1
⑤ 炮六进七，得士红胜

三、炮单仕对双士

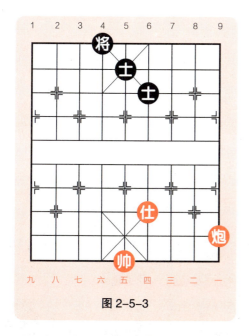

图 2-5-3

炮在有仕的情况下是必胜双士的，具体到本局，红方单仕要置于对方无士的一侧，帅需占中，利用停着使黑将走向它无士的一方，然后红炮走在己方花心（九宫内斜线的交叉点），断黑将归路，最后造成以红炮牵制对方将士的目的。

如图 2-5-3。

① 仕四退五，将 4 平 5
② 仕五进六，将 5 平 6
③ 炮一平六，将 6 平 5
④ 炮六平四，将 5 平 4
⑤ 炮四平五，将 4 进 1

红方三着平炮，妙演停着，是取胜的关键。

⑥ 炮五平六，士 5 进 4
⑦ 炮六退一

至此黑方只能将4退1，红方炮六进七得士；如黑方士6退5，则红方仕六退五，闷宫红胜。

四、炮单仕相胜单士象

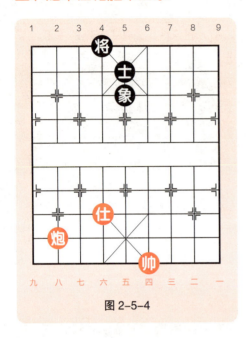

图 2-5-4

如图2-5-4。

① 炮八平六，将4平5

② 炮六平五，将5平4

③ 炮五进七，得士红胜

五、炮仕相全和单士象

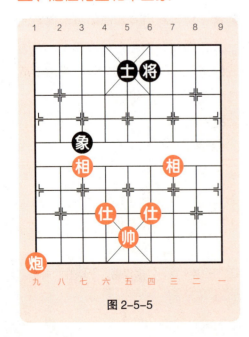

图 2-5-5

如图2-5-5。

① 炮九平七，象3退1

如黑方象3退5，则红方炮九平五，红方得子胜。

② 炮七平五，士5进6

③ 帅五平四，士6退5

如黑方象1进3，则红方仕四退五，下步炮五平四，黑方丢士。

④ 相七退五，士5进4

⑤ 帅四平五，士4退5

⑥ 炮五平四，士5进6

⑦ 相五进七，象1进3，和棋

六、双炮对双士

双炮必胜双士。双炮可以互相当炮架子,来对双士进行攻击,可以组合成重炮。

取胜要领:①红帅占中,炮回家;②逼黑将到无士的一侧;③用炮控制逼黑将上二路;④重炮杀。

如图2-5-6。

①*炮二退五,将6退1*

红方退炮在帅前面,为之后中路控制黑将做准备。

②*帅六平五,将6平5*

红方帅占中是取胜的必要步骤。

③*炮二平六,将5平6*   ④*炮九平四,将6平5*

红方罩肋炮威胁黑将。

⑤*炮六进一,将5平6*

红方为等着,逼黑将到无士的一侧。

⑥*炮六平五,士5退4*

红方控制黑将不能回中路。如黑方将6进1,则红方亦炮五平四,重炮杀。

⑦*炮五平四,红胜*

如图2-5-7。

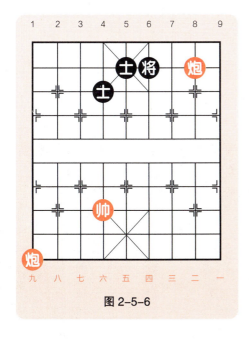

图2-5-6

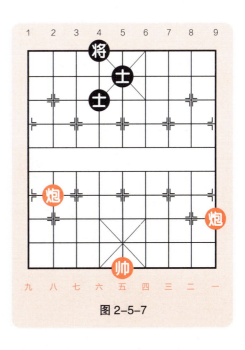

图2-5-7

① 炮八平五，士5进6　　② 炮五平六，士4退5
③ 炮一平五，将4进1　　④ 炮五平六，红胜

七、双炮对单车

（一）双炮和单车

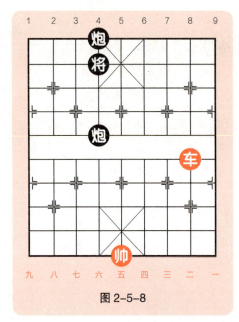

图 2-5-8

守和要领：如图2-5-8，黑炮在将的底下，掩护将，另一炮在将的前面走闲着，红车无法打破黑方肋道的"担子炮"，无法取胜；这种守和方法成为和棋定式。

① 车二进四，将4进1
② 车二进一，将4退1
③ 车二退二，前炮进1

只要黑炮不退到宫顶线，红方就无法取胜。

④ 帅五进一，前炮进1
⑤ 车二退四，前炮退1
⑥ 车二平六，将4进1，和棋

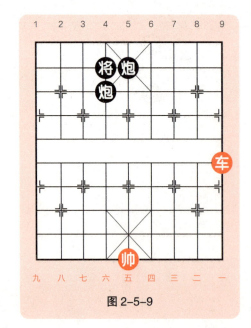

图 2-5-9

如图2-5-9。

① 车一平六，炮5退1
② 车六平七，炮4平5
③ 帅五平四，后炮进1
④ 车七平六，前炮平4

宫顶线的炮掩护将，二路炮二路护将，单车纵横都无法威胁黑将。

⑤ 帅四平五，炮5退1，和棋

（二）单车胜双炮

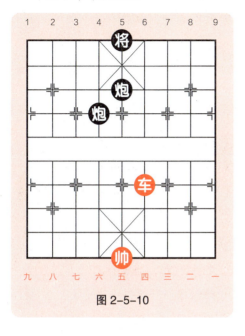

图 2-5-10

黑方双炮没有走成正和位置，单车便有机会利用帅的牵制捉吃双炮，取胜。

如图 2-5-10。

① 车四进四，炮 5 退 1
② 车四平六，炮 4 平 6

黑方只有平肋，否则红方用车借杀吃炮。

③ 车六平七，将 5 平 4

如黑方炮 6 退 3，则红方车七平四，下一手帅五平四回到实战着法，红胜。

④ 车七平四，炮 6 平 3
⑤ 车四平六，将 4 平 5

红方如车四进二，将 4 进 1；车四退一，炮 3 平 5；帅五平四，炮 5 退 1，和棋。

⑥ 车六平七，炮 3 平 4

如黑方炮 3 平 5，则红方车七平五，炮 5 进 1；车五退一，炮 5 进 1；车五退一，炮 5 进 3；车五退三，红方步步紧逼，黑方丢炮，红胜。

⑦ 车七进二，炮 4 退 3
⑧ 车七退一，炮 5 进 1
⑨ 车七退一，炮 5 退 1
⑩ 车七平六，炮 4 平 3
⑪ 帅五平六，得炮红胜

练习一个棋例：

如图 2-5-11，黑炮没有归位，如边炮再退一个格，就正和了。

① 车二进一，炮 6 退 2
② 车二进二，将 6 进 1

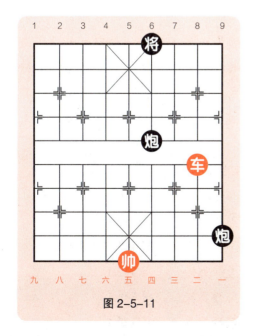

图 2-5-11

③ 帅五平四，炮6进1
⑤ 车二退二，炮6退1

④ 车二进一，将6退1
⑥ 车二进一，红胜

八、炮双仕对单卒

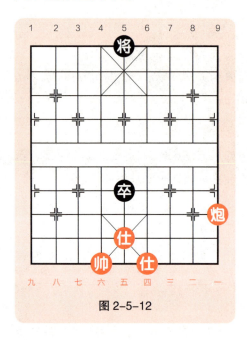

图 2-5-12

如图 2-5-12。
① 仕五进四，将5平6
② 仕四进五，卒5平4
③ 炮一退二，将6进1
④ 帅六进一，将6退1
⑤ 炮一平六，卒4平3
⑥ 帅六进一，将6平5
⑦ 炮六平五，将5平6
⑧ 帅六平五，卒3平4
⑨ 炮五平四，红胜

九、双炮例和双象

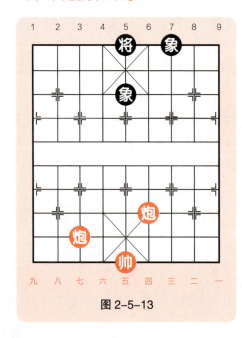

图 2-5-13

因为双象方的将活动空间较大，要比士灵活得多，所以双炮不胜双象。守和要领：当炮方帅占中时，双象一定要中路联防，避免白脸将杀，就可以守和了。

如图 2-5-13。
① 炮四平五，将5平4
② 炮七平六，将4进1
③ 炮五平六，将4平5
④ 帅五进一，将5退1
⑤ 帅五进一，将5进1
⑥ 后炮平五，将5退1

⑦帅五平四，象5进3　　⑧炮六平五，将5平4
⑨帅四退一，象3退5，和棋

小练习

以下各题均为红先，红方如何取胜？

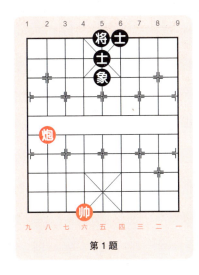

第1题

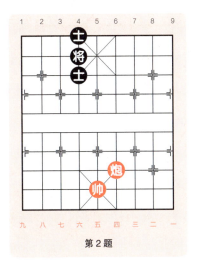

第2题

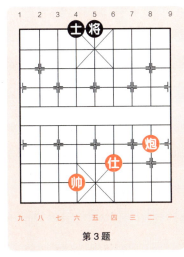

第3题

第4题

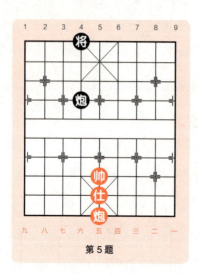
第 5 题

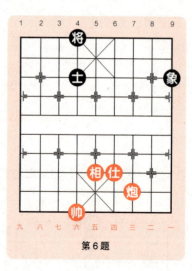
第 6 题

第6课 兵类残局

一、单兵擒王

这是实用残棋的最基本内容。在残棋中的学习中，我们通常会用到自己的将（帅）助攻。将（帅）占中十分重要，不但自己活动空间最大，而且借助"明将"这个象棋独有的规则，可以尽可能地缩小对方将（帅）的活动空间。明确了这一点对今后的残棋学习会大有好处。

要提醒大家的是，在学习实用残棋的过程中，经常会要用到困毙和等着，这两个概念，大家要认真体会。

单兵擒王没有一个固定的定式棋图，主要分3种比较有代表性的情况：一为红方高兵；二为红方低兵；三为红方底兵。

如图2-6-1，黑将占中，红高兵和帅分在黑将两侧。

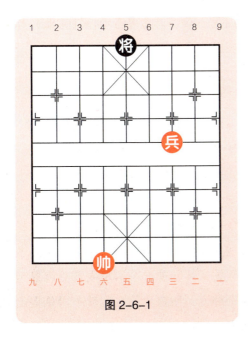

图 2-6-1

① 兵三进一，将5进1

红方首先要向九宫靠近，才能有威胁。

② 兵三平四，将5进1

③ 帅六进一，将5退1

红方为等着。当红兵已经不能向下前进，而黑将下一步只有下将一着可走，为了红兵顺利往下冲，用自己的帅做空着，逼黑方下将，红兵就可如愿进九宫。如兵四平五，将5退1；帅六平五（等着），将5退1；兵五进一，将5平4；兵五进一，困毙。

④兵四进一，将5退1　　　　　⑤兵四进一，困毙红胜

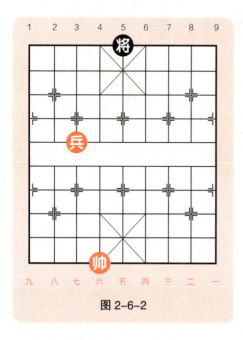

图 2-6-2

如图2-6-2，黑将占中，红方高兵和帅在黑将同侧的棋局。

①兵七进一，将5进1

②兵七进一，将5进1

③兵七平六，将5退1

④帅六进一，将5退1

红方这里也可以兵六进一，演变成图2-6-3低兵的胜法。但是我们在练习的时候要尽量保留兵在高处，下兵时要慎重。否则追悔莫及。

⑤兵六进一，将5平6

⑥兵六平五，困毙红胜

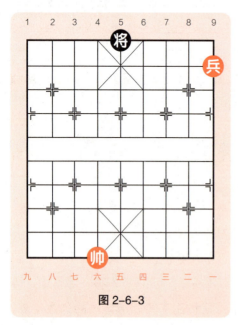

图 2-6-3

如图2-6-3，黑将占中，红方低兵和帅分在黑将两侧的棋局。

①兵一平二，将5进1

②兵二平三，将5进1

将往高处爬是为了避开低兵的管制。

③兵三平四，将5平6

④兵四平五，将6平5

⑤兵五平六，将5平6

红兵已经在六路帅的保护之下，黑将不能继续捉吃，只得让开中路。黑将占中，红方低兵和帅分在黑将同侧更容易走到这个局面，所以我们在此就不再单提出来研究。

⑥帅六平五，将6退1

前面已经强调过了，红方有机会占中，同时缩小对方将的活动空间，这是取胜关键所在。

⑦兵六平五，将6进1　　⑧帅五进一，困毙红胜

上帅既控制中路，又起到停着的作用，两不耽误。但如帅五平六，将6平5；当然不是说就不能赢了，还是必胜，但还得重新再来，烦琐了许多。在实战中，我们追求简单速胜为上策，拖泥带水容易引出事端。

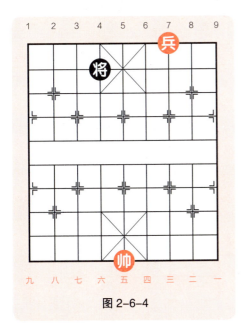

图2-6-4

由图2-6-4，红帅占中，红底兵的棋局。

①兵三平四，将4进1

②兵四平五，将4退1

③帅五进一，将4进1，和棋

黑方将可以在下二路和宫顶线走闲着，红方底兵无法造成困毙，不能取胜。

二、单兵对单士

（一）单兵例和单士

守和要领：士随帅落，平将进兵。将、士配合守住宫心，不能让形成"左兵右帅"，不能让兵顺利到达腰点，方可守和。

如图2-6-5。

①兵五进一，士5退6　　②帅五平六，士6进5

红方出帅控制黑将通头（己方子前无阻挡，为通路、通头），还是积极的下法。如走帅五进一，将5平4，正和。

③帅六进一，士5退4

士随帅落。如黑方随手走士5退6，形成单兵巧胜单士：红方兵五平四，士6进5；兵四进一，士5进6；帅六进一，士6退5；帅六平五，红方得士胜。

④**兵五平四，将5平6**

黑方平将禁兵，不能将5进1，否则红方帅六进一，将5退1；兵四进一，士4进5；帅六平五，红方得士胜。

⑤**帅六平五，士4进5**　　⑥**兵四平五，士5退4**

⑦**兵五平六，士4进5**　　⑧**兵六进一，士5进4，和棋**

当然黑方士5退4，则红方兵六进一，成底兵，黑方也可顺利和棋。

（二）单兵巧胜单士

以下几局黑棋没有占据防守要点，使红兵顺利进入腰点，和帅左右夹击。如图2-6-6。

图2-6-5

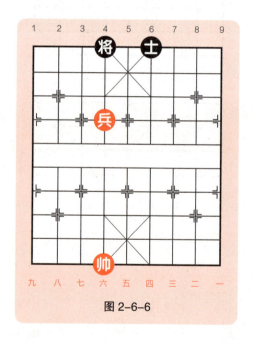

图2-6-6

黑先：

①……　士6进5　　②**帅六平五，将4进1**

③**兵六平五，将4退1**　　④**兵五进一，士5退6，和棋**

红先：

①**兵六进一，士6进5**　　②**兵六进一，将4平5**

③帅六平五，将5平6 ④兵六平五，红胜

如图2-6-7。黑先：

① …… 士4进5

②帅四平五，将5平6

③兵六平五，将6进1

④兵五进一，士5退4，正和

红先：

①兵六进一，士4进5

②兵六进一，士5进6

③帅四进一，将5平6

④兵六平五，红胜

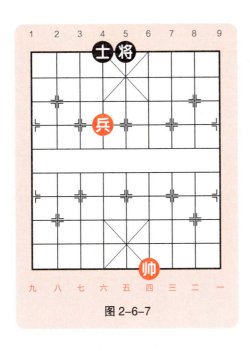

图2-6-7

三、单兵对双士

单兵对双士是和棋，但也有巧胜的机会。

如图2-6-8。

①兵五进一，将5平4

②帅五进一，将4进1，和棋

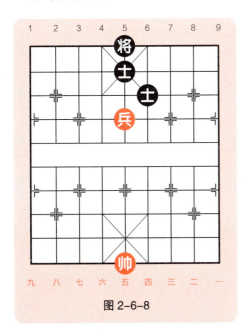

图2-6-8

图 2-6-9

如图 2-6-9。

兵七平六或兵七进一，均为红胜。

四、双兵对双士

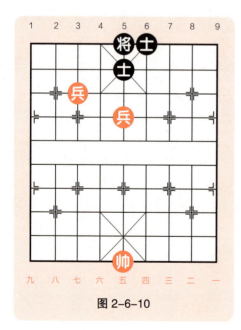

图 2-6-10

如图 2-6-10。

① 兵七进一，将 5 平 4
② 兵五进一，将 4 平 5
③ 兵五进一，士 6 进 5
④ 兵七平六，将 5 平 6
⑤ 兵六平五，红胜

五、三兵对士象全

（一）三兵胜士象全

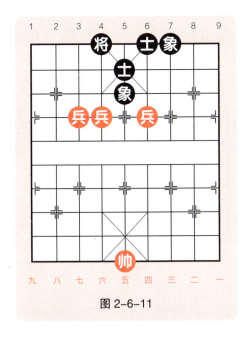
图 2-6-11

按照常理，如果红兵可以顺利换到双象就可以取胜了，但由于双象活动范围大，红方的这种简化取胜办法不能实现，所以，要有一种特殊的可以绕过对手双象防守直接取胜的办法。我们这里学习三高兵必胜士象全的实用残棋定式。取胜要点：①用一兵占据"腰点"；②另两兵控制另一侧高士角；③利用帅力攻士；④形成"二鬼拍门"；⑤破士形成杀棋。

如图2-6-11，红方三高兵成为最佳位置，准备按照要领取胜黑方。红方最后入局的方法虽然有多种，但进兵的方式只有这种是唯一最快、最好、最正确的，请牢记。

① 兵四平三，将4平5

四路兵直线下到腰点受阻，必须绕行。

② 兵三进一，将5平4   ③ 兵三进一，将4平5

④ 兵三平四，将5平4

红方完成第一步。

⑤ 兵七进一，象7进9

红方完成第二步。

⑥ 帅五平六，将4进1

红方完成第三步。切忌不能再急于下兵，否则无法取胜。黑方看上去多了一个阻击下兵的力量，但不仅不解决问题，反而加快红方取胜速度。

⑦ 兵六进一，将4退1

红方开始进攻，准备换士突破。借助帅力，强行冲兵逼将。如改走兵七平六，黑方可以将4退1；红双兵同在一条线上，不能借助帅力再继续兵六进一，所以必须再兵六平七让开，再兵六进一这种着法奏效更快。黑方如士5进4，则红方兵七平六，将4退1；兵六进一，将4平5；兵六进一，红胜。

⑧ 兵六进一，将4平5

红方完成第四步。形成二鬼拍门，准备破士绝杀。

⑨ 兵七进一，象9进7　　　⑩ 兵六平五，士6进5

红方完成第五步。也可以兵七进一，象7退9；兵七平六，士5退4；兵六进一，红胜。

⑪ 兵七平六，士5进4　　　⑫ 帅六平五，象7退9

红方移帅至另一肋道，闪开高士的防守，协助另一侧兵杀棋。黑方虽有双象可以动，但对于红方双兵的杀棋则形同虚设。

⑬ 帅五平四，象9进7　　　⑭ 兵四进一，红胜

（二）三兵和士象全

如图2-6-12，红方无法双兵同时控制高士角，借助帅力破士杀，无法取胜。

① 兵六平五，象5进3　　　② 兵五平四，象3退5

③ 兵四平三，象7退9　　　④ 兵三进一，象9进7

⑤ 兵三进一，象7退9，和棋

如图2-6-13，也不是所有只要能卡住双象眼的棋形都可以取胜，图中黑方士象和将都占据了最佳的防守要点，红方无法破士胜。

① 帅四进一，象3退1　　　② 帅四退一，象1进3，和棋

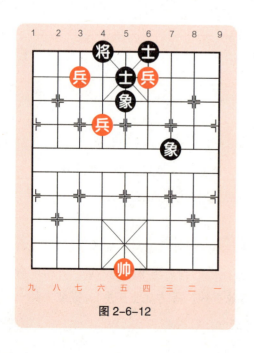

图 2-6-12

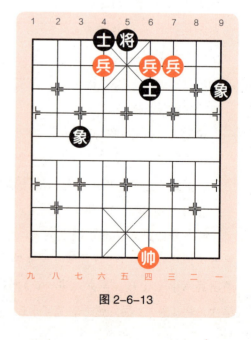

图 2-6-13

 小练习

以下各题均为红先,红方如何取胜?

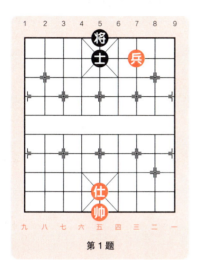

第1题

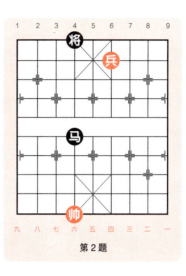

第2题

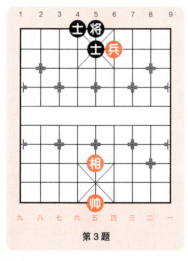

第3题

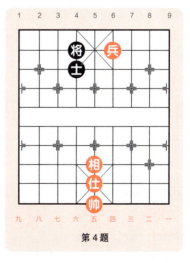

第4题

第7课 车兵残局

一、车高兵帅对单车将

车高兵绝大多数情况下是必胜车单将的,除非如图2-7-1,红兵正好不能过河,而红车又不能离开肋道。

① 帅六进一,将5进1　　② 车六进四,将5退1
③ 车六退五,将5进1,和棋

如图2-7-2。

① 兵三平四,将5进1　　② 车六进一,将5平6

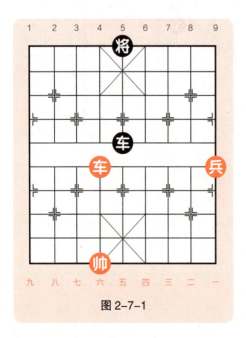

图 2-7-1

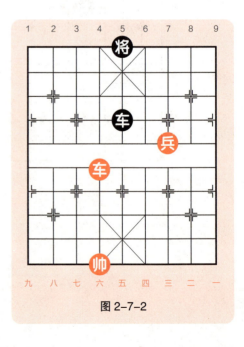

图 2-7-2

黑方只能避将，否则红方有车六平五兑死车，成单兵擒王的必胜之势。

③ 车六平五，车5平8　　④ 帅六平五，车8平9

红方帅占中路，残棋取胜的常见条件。

⑤ 车五退一，将6退1　　⑥ 兵四平三，车9平6

⑦ 兵三进一，车6退1　　⑧ 兵三进一，车6进1

⑨ 车五进五，将6进1　　⑩ 兵三进一，将6进1

⑪ 车五平四，红胜

二、车低兵对单车将

图2-7-3

如图2-7-3。

① 兵六平七，车5退1

② 车六进七，将5进1

③ 兵七平六，将5平6

④ 车六平二，车5平4

红方为车兵做棋的典型手段。

⑤ 帅六平五，车4平5

黑方并不敢车4退2吃卒，红方有车二退一抽车的手段。

⑥ 帅五平六，车5进1

⑦ 车二退一，将6进1

如黑方改走将6退1，则红方兵六平五，红方速胜。

⑧ 车二平五，车5平6

干脆利落！欺黑方不能兑车，否则成低兵必胜单将，红方夺回中路。

⑨ 帅六平五，车6进1　　⑩ 车五退一，将6退1

⑪ 兵六平五，将6退1　　⑫ 车五平二，红胜

三、车底兵对单车将

车底兵能否取胜单车，主要看红方是否控制中路。如图2-7-4。

① 兵七平六，车6退2　　② 兵六平五，将6进1

③ 车五进四，将6进1　　　　④ 兵五平四，车6进1
⑤ 兵四平三，车6进1　　　　⑥ 车五进一，将6退1
⑦ 车五平四，红胜

如图2-7-5。
① 车六进四，将5进1　　　　② 兵六平五，车5退1
③ 兵五平四，车5进1　　　　④ 车六进一，将5平6
黑方平将避开红方车六平五抽车，而黑车依然掌控中路。
⑤ 兵四平三，将6退1　　　　⑥ 车六退一，将6进1
⑦ 车六进一，将6退1，和棋

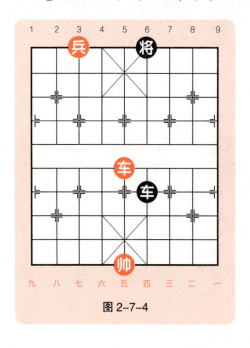

图 2-7-4

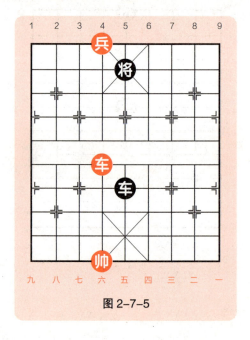

图 2-7-5

四、车兵对车单士

（一）车兵例和车单士

守和要领：防守方可以用高车横向盯住对手的兵；或者纵向在肋道守住自己的将、士。进攻方中路空虚，车不能自由活动，兵受很大限制，不能取胜。

如图2-7-6。
① 兵二平三，车8平7　　　　② 兵三平四，车7平6

红方如强行车五平六，将4平5；车六平八，将5平6（也可以将5平4）；车八进三，将6进1；车八平三（低车保兵有危险），士5进4；兵三进一（只有车三平五和棋），车7平5；帅五平六，将6平5；黑方白脸将反败为胜。所以红方要注意不能一味强求贪攻忘守。

③ 帅五进一，车6进1

黑车紧跟红兵，不让其轻易靠近将。

④ 车五平八，车6退1　　　　⑤ 兵四平五，车6平5

⑥ 帅五平四，将4平5

避免车八进三，将4进1；车八退一；将4退1；车八平五，车5进1；车五退一，将4进1；车五进二，车5进1；兵五进一，红胜。

⑦ 兵五平六，士5退4

准备白脸将反杀。

⑧ 兵六平五，车5进1，和棋

如图2-7-7。

① 兵五进一，士5进4　　　　② 车五进二，将4进1

③ 兵五平四，车4平6　　　　④ 兵四平五，车6平4，和棋

图2-7-6　　　　图2-7-7

（二）车低兵对车单士

如图2-7-8。

① 相五进七，车4平5

红方扬相给车腾路。

② 车四平五，车5平4

黑方无奈，如车5进5，则红方相七退五，将6退1，兵六平五，黑方被困毙。

③ 兵六平五，将6退1　　　④ 车五平二，红胜

如图2-7-9。

① 车五平二，将6进1

如黑方误走车6进1，红方车二进七，车6平4；车二平四，将6平5；车四进一，车4平8；帅五平四，车8退3；车四退三，士4退5；车四平八，车8平6；帅四平五，士5退4；车八平五，士4进5；车五进三，红胜。

② 车二进六，将6退1　　　③ 车二平三，车6平8

④ 车三进一，将6进1　　　⑤ 车三退三，车8平6

黑方三路"断魂车"誓不离线，形成传统的"单车保肋士"的和局。

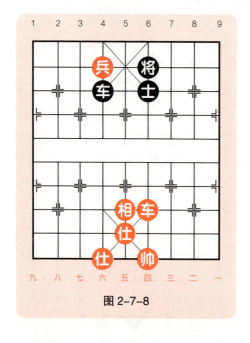

图2-7-8

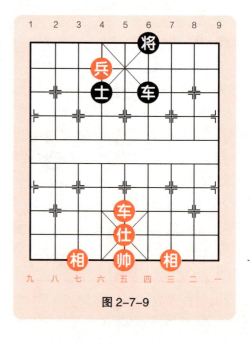

图2-7-9

五、车兵巧胜车双士

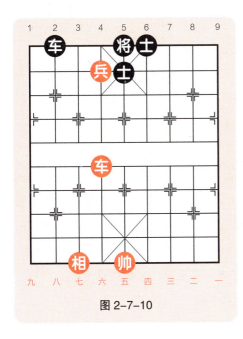

图 2-7-10

车兵是不胜车双士的,但位置不同,却有巧胜机会。

如图 2-7-10。

① 兵六平五,士6进5

红方先用兵破士正确,如车六平二,黑方车2进1。

② 车六平二,将5平4

这时可看出红方有底相的好处,若没有,黑方可车2进9,红方帅五进一,车2平6,黑方解围。

③ 车二进五,将4进1

④ 车二平八,抽车红胜

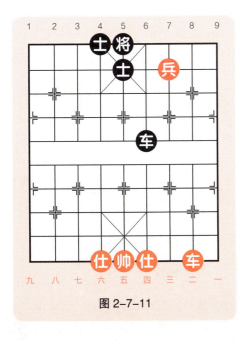

图 2-7-11

如图 2-7-11。

① 车二进九,车6退4

② 车二平三,车6平7

红方出乎意料的一着,如按常规走车二退一,车6进4;兵三平四,车6平5;仕六进五,士5退6,和棋。

③ 兵三进一,困毙红胜

六、车兵例和炮士象全

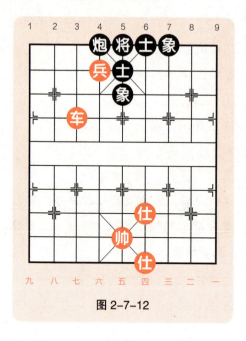

图 2-7-12

如图 2-7-12。

① 车七平八，象 7 进 9

如黑方士 5 进 6，则红方兵六进一，将 5 平 4；车八进三，将 4 进 1；车八平四，红方破士胜。

② 车八进一，象 9 退 7

③ 车八平七，士 5 进 6

如黑方象 5 进 7，则红方兵六进一，将 5 平 4；车七进二，将 4 进 1；车七退四，象 7 退 5；车七平六，士 5 进 4；帅五平六，士 6 进 5；车五平八，红方得士胜。

④ 车七平八，士 6 退 5

红方如兵六进一，将 5 平 4；车七平八，士 6 退 5；车八进二，将 4 进 1；车八退三，将 4 退 1，和局。

⑤ 帅五进一，炮 4 平 3　　⑥ 车八进二，炮 3 平 4，和棋

 小练习

以下各题均为红先,红方如何取胜?

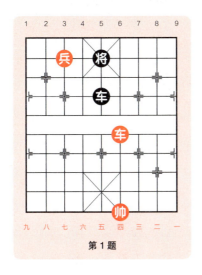

第1题

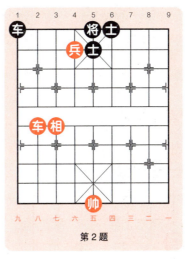

第2题

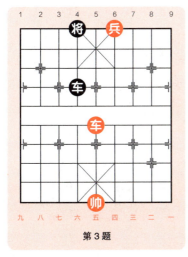

第3题

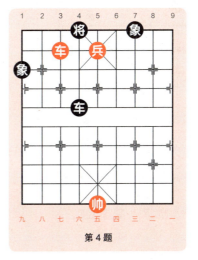

第4题

第8课　马兵残局

一、马底兵对单象

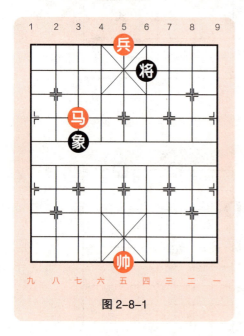

图 2-8-1

如图 2-8-1。

① 帅五进一，将6进1

② 兵五平四，将6退1

③ 兵四平三，将6进1

④ 帅五退一，将6退1

⑤ 马七进八，将6进1

如黑方象3退5，则红方马八进六，将6进1；马六退五，红方得象胜。又如黑方象3退1，则红方马八退六，将6进1；帅五进一，黑方欠行。

⑥ 马八退六，象3退5

⑦ 马六退五，将6退1

⑧ 马五进三，将6平5

⑩ 帅五平六，红胜

⑨ 马三进五，将5退1

二、马底兵对双士

如图 2-8-2。

① 兵一平二，士5进6　　② 兵二平三，士6进5

③ 马九退七，士5进4

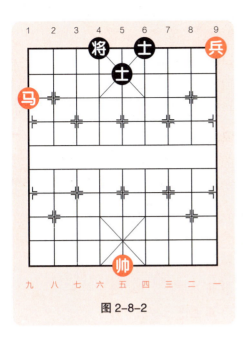

图 2-8-2

如黑方将 4 平 5，则红方马七进八，黑方被困毙。

④ 兵三平四，士 4 退 5
⑤ 马七进八，将 4 进 1
⑥ 兵四平五，士 5 退 4

如黑方士 5 进 4，则红方马八退七，红胜。

⑦ 兵五平六，士 6 退 5
⑧ 兵六平五，士 5 进 6
⑨ 马八退七，将 4 进 1
⑩ 马七退五，将 4 平 5
⑪ 帅五平四，士 6 退 5
⑫ 马五进七，将 5 平 4
⑬ 马七退五，将 4 平 5
⑭ 帅四进一，士 5 进 6
⑮ 马五进四，红胜

三、马高兵胜双士单缺象

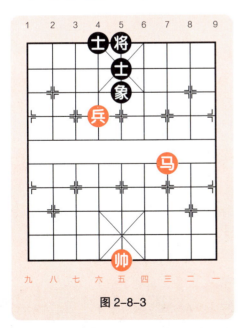

图 2-8-3

如图 2-8-3。

① 兵六平五，象 5 退 7
② 马三进一，将 5 平 6
③ 马一进二，象 7 进 9
④ 兵五平四，士 5 进 4

红方先用兵在中路拱象，迫黑象飞向边路，再以马定住黑象，使其动弹不得，红兵过去吃象。

⑤ 兵四平三，士 4 进 5
⑥ 兵三平二，将 6 平 5
⑦ 兵二平一，将 5 平 4
⑧ 兵一进一

红方得象后，再用兵换士，就可取胜。

· 61 ·

四、马高兵胜双象单缺士

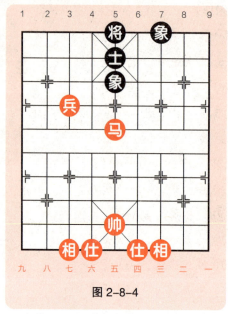

图 2-8-4

如图 2-8-4。

① 帅五平四，将5平4

红方左兵右帅，分占两个肋门，有助于马破士。

② 兵七进一，士5退6

③ 兵七进一，士6进5

④ 马五进七，士5退6

⑤ 兵七平六，将4平5

⑥ 马七退五，士6进5

⑦ 马五退三，象5进7

⑧ 马三退二，象7进5

⑨ 马二进一，士5进6

⑪ 兵六平五，象5进3

⑩ 马一进二，将5平6

红方如马二进四，将6进1，反成和棋。

⑫ 马二进一，象3退5

⑬ 马一退三，红胜

五、马高兵胜炮单象

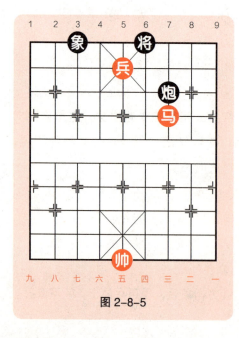

图 2-8-5

如图 2-8-5。

① 帅五进一，象3进1

红方等一手，黑象无法飞中。

② 马三退四，象1退3

如炮7平5，马四进二，红胜。

③ 马四进五，炮7退2

④ 兵五平四，将6平5

⑤ 帅五平六，炮7进6

红方准备马五进三叫杀。

⑥ 马五进三，炮7平4

⑦ 兵四平五，将5平4

⑧ 马三退四，炮4退4

⑨ 马四退五，炮4进4　　　　⑩ 马五退四，象3进5

⑪ 马四退六！

红马从帅后绕出，是本局精华所在，以下红方可从容运马而胜。

六、马双兵对三卒士象全

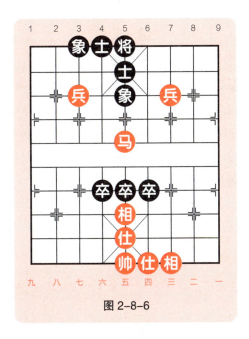

图 2-8-6

如图 2-8-6。

① 兵七进一，将5平6

② 兵三进一，卒4平3

③ 马五进三，卒3平4

④ 兵三平四，将6平5

⑤ 兵七平六，卒4平3

⑥ 马三进二，卒3平4

⑦ 兵四进一，士5退6

⑧ 马二退四，红胜

七、马低兵巧胜单缺象

图 2-8-7

如图 2-8-7。

① 帅四进一，士5进4

② 马三退一，士4进5

红方运马倒步，准备扑卧槽。

③ 马一进二，象7退5

④ 马二进一，士5进6

⑤ 马一退三，将5平6

⑥ 马三退五，得象红胜

八、马低兵巧破士象全

图 2-8-8

如图 2-8-8。

① 兵三平四，将6平5
② 马二退四，象3进1
③ 帅五平六，象1进3
④ 帅六进一，象3退1
⑤ 马四退六，象1进3

红方先摆好左帅右兵，再把马绕到与兵相反的卧槽上去。

⑥ 马六退七，士5进4
⑦ 马七进九，士4进5
⑧ 马九进八，士5退6
⑨ 马八进六，将5平4
⑩ 帅六平五，将4进1
⑪ 马六进八，象5进7
⑫ 马八退七，将4进1

如黑方将4退1，则红方兵四进一，象3退5；帅五退一，象7退9；马七进五，黑方丢象。

⑬ 马七退五，将4退1
⑭ 马五退四，象3退5
⑮ 马四进六，将4退1
⑯ 马六进五，将4进1
⑰ 马五进三，象7退9
⑱ 马三进四，将4进1
⑲ 兵四平五，象9进7
⑳ 马四退二，红方胜势

以下各题均为红先,红方如何取胜?

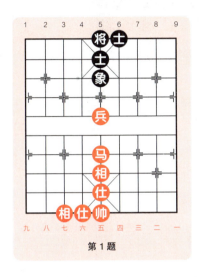

第1题

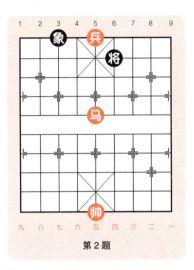

第2题

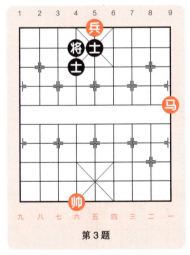

第3题

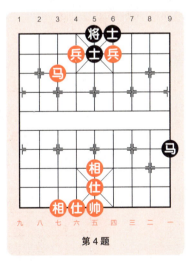

第4题

第9课 炮兵残局

一、炮高兵对双士

如图2-9-1。

① 兵五平六，将6进1

红方平兵盯住黑方高士。亦可兵五平四，将6平5；炮一平六，将5平6；炮六平五，将6进1；炮五平四，士5进6；帅五进一，红胜。

② 炮一平六，将6退1

红方准备用炮换双士。

③ 炮六进三，士5进4　　　④ 兵六进一，红胜

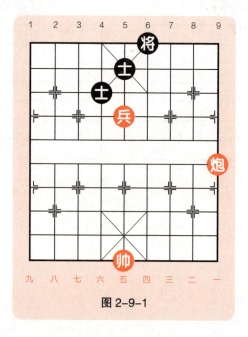

图 2-9-1

二、炮高兵对单象

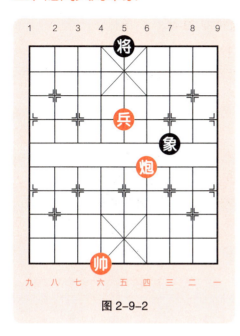

图 2-9-2

红方取胜有两种思路：一是位置好时，以前兵后炮叫杀黑将或吃掉黑象；二是以炮兵卡象腰，造成黑方欠行。

如图 2-9-2。

① 兵五平四，将5进1

② 炮四平二，象7退9

③ 炮二进二，象9退7

④ 兵四进一，象7进9

⑤ 帅六进一，象9退7

⑥ 炮二进二，将5退1

如黑方象7进5，则红方帅六平五，红方得象胜。

⑦ 兵四进一，红胜

三、炮低兵巧胜单象

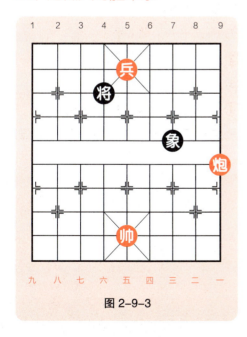

图 2-9-3

如图 2-9-3。

① 炮一退四，象7退5

② 炮一平五，象5进7

红方炮平帅后打象，重要的手段。使黑象只能向边飞。

③ 帅五进一，象7退9

④ 炮五平七，象9退7

⑤ 炮七进七，象7进5

⑥ 炮七平五，红胜

本局黑将如在底线，红炮无法借助黑将为炮架。则红方不能胜。

四、炮低兵巧胜士象全

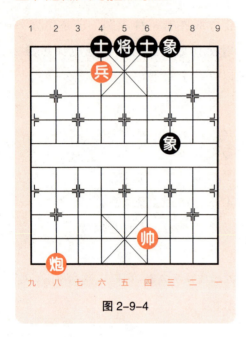

图 2-9-4

如图 2-9-4。

① 炮八平五，象7退9
② 炮五进三，象9进7
③ 帅四平五，象7退9
④ 帅五平六，象9进7
⑤ 炮五平八，士4进5
⑥ 帅六平五，象7退9
⑦ 炮八平三，象7进5
⑧ 炮三平五，象9退7
⑨ 帅五平六，红胜

五、单炮巧和炮低兵

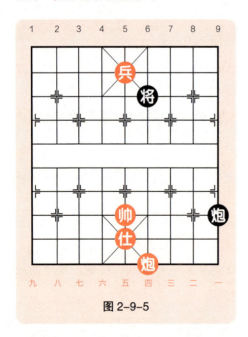

图 2-9-5

如图 2-9-5。

① 帅五平六，将6平5
② 炮四平五，将5平6
③ 帅六退一，炮9平8
④ 仕五进四，将6平5，和棋

　　黑炮位置甚巧，红方刚好不能仕五进四。

六、炮低兵巧胜炮双士

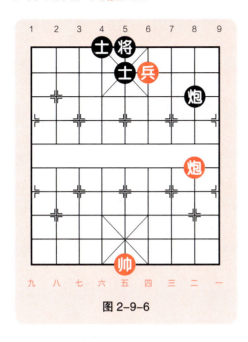

图 2-9-6

如图 2-9-6。

① 炮二平八，炮 8 平 2

② 炮八进二，炮 2 退 1

③ 炮八进一，炮 2 退 1

④ 炮八进一，炮 2 平 3

⑤ 炮八进一，红胜

七、单炮对炮双士

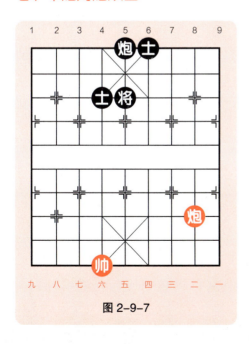

图 2-9-7

如图 2-9-7。

① 炮二平六，士 4 退 5

② 帅六进一，炮 5 平 4

③ 炮六平八，士 5 进 4

④ 炮八平六，和棋

八、炮高兵对单炮

图 2-9-8

如图 2-9-8。

① 炮二平四,炮6进7
② 兵五平四,将6退1
③ 帅五平四,红胜

 小练习

以下各题均为红先,红方如何取胜?

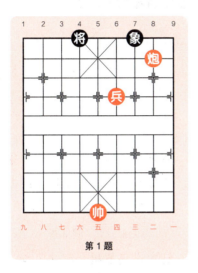

第 1 题

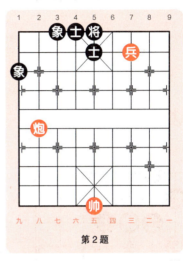

第 2 题

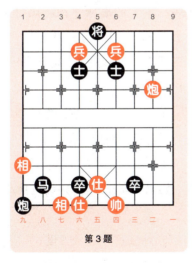

第 3 题

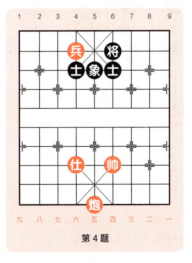

第 4 题

第10课　实战残局

一、双马兵胜马炮卒士象全

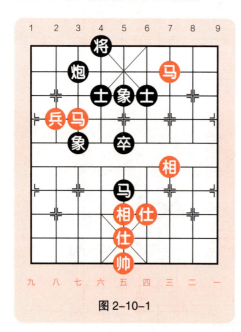

图 2-10-1

双马兵仕相全对马炮卒士象全应是和局。但本局由于黑方走错，红方出现了胜机。如图 2-10-1。

① 马七进八，将4进1

红方进马好棋，缠住黑炮。以后红方有兵八平七的后续手段。黑方上将无奈，如士4退5，则红方兵八平七，马5退4；马三退四，马4进3；兵七进一，红方得炮胜。

② 马三进五，炮3退1

红方马入将位，捉吃二子。

③ 马五退四，马5退4

如黑方卒5进1，则红方兵八平七，黑方也难下。

④ 马四退五，士4退5

⑤ 帅五平六，士5退6

⑥ 兵八平七，将4平5

⑦ 兵七平六，将5退1

⑧ 马五进四，将5进1

⑨ 马八退九，将5平6

⑩ 马四退五，士6进5

⑪ 马五进三，将6退1

⑫ 马三进五，炮3平4？

红方运马如龙，顷刻之间吃去黑方一士一象。已是胜望极大了。黑方漏着，白丢一子。

⑬ 马九进七，马4退6　　⑭ 马七进六，红方胜势

二、车炮兵对车炮双卒

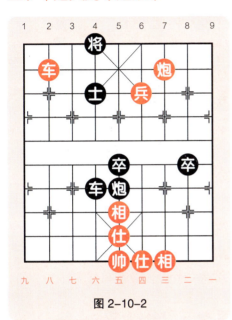

图 2-10-2

如图 2-10-2。

① 兵四平三，卒8进1

红方平兵是不易觉察的好棋。如按常规思路走兵四进一，士4退5；车八退八，将4进1，红方无棋。

② 炮三平四，卒8平7

③ 兵三进一，卒7平6

④ 兵三进一，卒6进1

⑤ 炮四平二

红方妙用老兵，至此黑方只能卒5平6；炮二进一，炮5退6；车八进一，将4进1；车八平五，红方得子胜势。

三、车兵巧胜车单士象

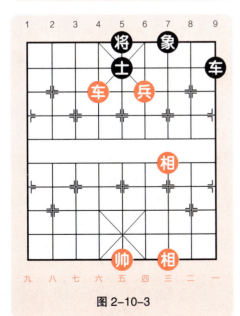

图 2-10-3

如图 2-10-3。

① 车六进一，车9平8

② 车六退三，车8进1

③ 兵四进一，车8平5

④ 帅五平六，象7进9

黑方不可车5平4，否则红方兵四平五得车。

⑤ 车六平八，车5平4

⑥ 帅六平五，车4平5

⑦ 帅五平六，士5退4

⑧ 相三进五，车5平4

⑨ 帅六平五，车4平5　　⑩ 车八平二，象9退7

⑪ 车二进四，车5平7　　⑫ 车二退一，车7平5

如黑方车7进1，则红方车二退一。黑车还是只能守中。

⑬ 车二平三，象7进9　　⑭ 车三平二，红胜

四、车炮巧胜车炮卒

如图2-10-4。

① 仕五进四，车4进5

② 车五退四，炮4进1

③ 炮八进七，炮4平7

④ 车五进五，将6进1

⑤ 炮八平三，卒8平7

⑥ 车五退一，将6退1

⑦ 车五退四，车4退7

⑧ 车五进五，将5进1

⑨ 炮三平六，得车红胜

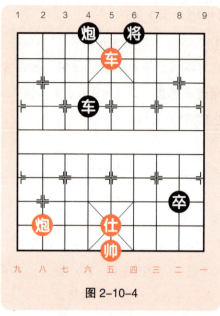

图2-10-4

五、车兵巧胜单炮士象全

在前面我们已讲过，车兵是不胜单炮士象全的。但如对方炮位不佳，仍有胜机。如图2-10-5。

① 兵四进一，士5退6

黑炮被隔在外，难以归位，红方抓紧时机用兵破双士，再用车破双象而胜。

② 车四进六，将5进1

③ 帅四平五，象3进1

④ 车四退二，象1进3

⑤ 车四退二，象3退1

⑥ 车四平五，象1退3

⑦ 车五平二，卒9进1

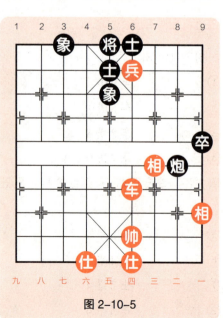

图2-10-5

⑧ 车二进三，将5退1

⑩ 车二平七，得象红胜

六、车马巧胜马炮士象全

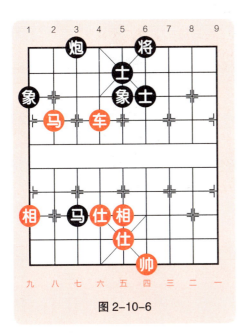

图 2-10-6

⑨ 车二进一，将5进1

本局红方也是利用位置优势破士而胜，如图2-10-6。

① 车六进二，将6进1

红方抓住黑方弱点，黑士难保。如黑方将6平5，红方马八进七，黑方亦败局。

② 马八进九，炮3平7

③ 马九退七，象1进3

如炮7进1，则红方马七进六，将6退1；车六平五，红方得士。

④ 车六平五，将6退1

⑤ 车五平三，将6平5

⑥ 车三平四，炮7平6

⑦ 帅四平五，马3退4

⑧ 车四退一，红方胜势

七、车炮双仕巧和车马卒

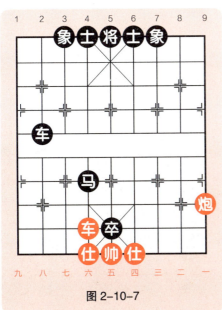

图 2-10-7

如图2-10-7。

① 车六平五，马4进5

红方面对黑方冲卒叫将，红方突出妙手，解救危局。如支仕去卒，黑方马4进6，叫将抽车胜定；黑方走得随手，应马4进6，胜面很大。

② 炮一进四，车4平9

如仕四进五，车2平9；炮一平五，车2进5；仕五退四，车9退2，黑方胜定。

③ 炮一平八，车9平5

④ 仕四进五，车5平8　　　⑤ 帅五平四

以下红炮退回士角成和棋。

八、马炮兵对马炮

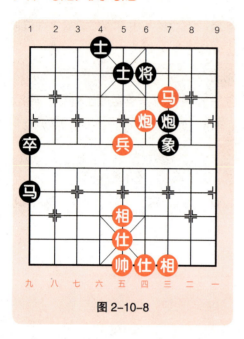

图 2-10-8

如图 2-10-8。

① 兵五进一，炮7平8

② 炮四退五，炮8退1

③ 马三退四，炮8平6

④ 马四进六，炮6平4

⑤ 兵五进一！象7退5

⑥ 马六进四，将6进1

⑦ 仕五进四，红胜

 小练习

以下各题均为红先,红方如何取胜?

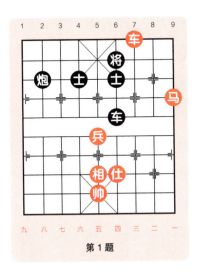
第1题

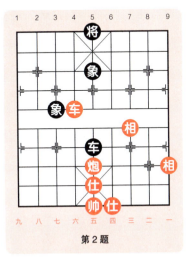
第2题

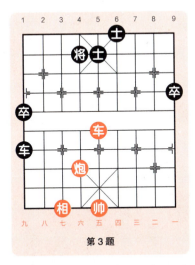
第3题

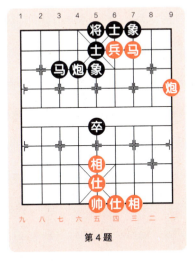
第4题

第三章　象棋杀法

　　亲爱的读者朋友们，我们在前面的内容中学习了一些象棋最基础的知识，不知您学得如何。从本章开始我们来学习象棋的杀法。杀法就是如何将死对方将（帅）的方法。在一盘棋当中，一方已掌握了较大的优势。缺的只是完成对对方将（帅）的致命一击。这时您如果熟练掌握杀法，赢棋轻而易举。反之则是错失良机，久久不能获胜。这有些像足球中的临门一脚。

第11课 杀法一

一、白脸将

利用将帅不能见面的规则将死对方,就称白脸将杀法,也称对面笑。如图 3-11-1,这是白脸将杀法中最基本的棋形。红先只需走车二平四即可获胜。

如图 3-11-2。

① 车七平六,将4进1　　② 炮八平六,车8平4

③ 兵六进一,将4退1　　④ 兵六进一,将4退1

⑤ 兵六进一,红胜

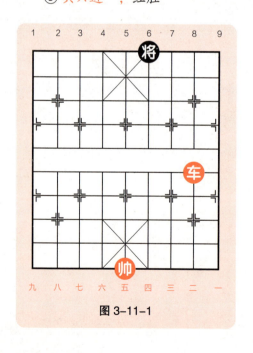

图 3-11-1

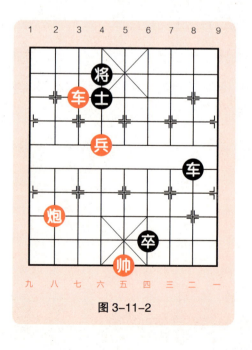

图 3-11-2

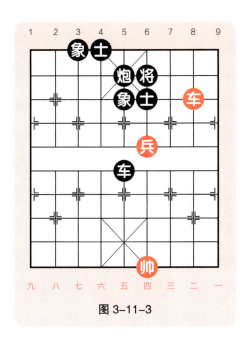

图 3-11-3

如图 3-11-3。

① 车二平四，将 6 进 1

② 兵四进一，将 6 退 1

③ 兵四进一，将 6 退 1

④ 兵四进一，将 6 平 5

⑤ 兵四进一，红胜

红兵也是一路追杀到底，俗称"千里送京娘"。此棋形与上一棋形很像，只是帅在肋道。所以白脸将帅的位置也就是分中路与肋道两点。

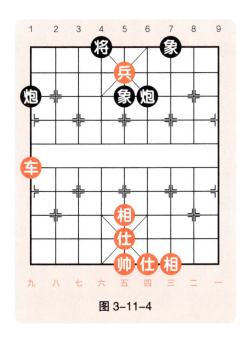

图 3-11-4

如图 3-11-4。

① 车九平六，炮 1 平 4

② 车六进二，象 7 进 9

红方为较好的停着。可使黑方自乱阵形，打破担子炮对红车的封锁。

③ 车六平五，象 9 退 7

④ 帅五平六，炮 6 平 8

红方为精妙的一着。看似难以取胜的棋，由于帅的牵制，红方获胜变得容易起来。

⑤ 车五平九，象 5 退 3

⑥ 车九平四，炮 8 退 2

⑦ 车四平二，炮 8 平 9

⑧ 车二进三，象 3 进 5

⑨ 车二平一，得子红胜

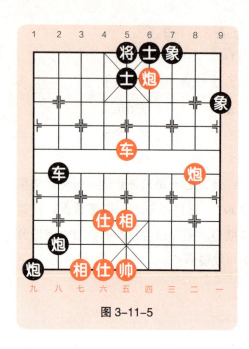

图 3-11-5

如图3-11-5。

① 相五进七，车2平3

红方扬相好棋，也称将军脱袍。

② 车五进三，将5平4

黑方如士6进5，则红方炮二进五，红胜。

③ 车五进一，将4进1

④ 炮二进四，将4进1

⑤ 车五平六，红胜

二、闷宫

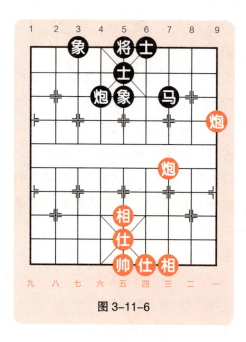

图 3-11-6

主要是指炮利用对方士或其他子力作为炮架将死老将。

如图3-11-6。

① 炮一进三，马7退8

② 炮三进五，象5退7

③ 炮一平三，红胜

这是典型的闷宫，本题红方双炮依次叫将，最终造成黑将被己方双士包裹成输。古谱中也称类似棋形为"双杯献酒"。

如图3-11-7。

① 车八平六，将4进1

红方为正确的走法，如炮五平六，黑方将4平5，红方无棋。

② 炮五平六，红胜

如图3-11-8。

① 车八进三，士5退4

黑方如象1退3，则红方车七进三，士5退4；车七平六，将5进1；车八退一，红胜。

② 车八退一，士4进5

红方为关键的一着。

③ 车七进三，士5退4　　　④ 车七退一，士4进5

红方为重要的顿挫（一种重要的象棋战术，用来调整进攻前及进攻时的行棋次序）着数。

⑤ 车八进一，士5退4　　　⑥ 车七平五！士6进5

红方为石破天惊的一手，刚才的两着顿挫也是为此铺垫。象棋的智慧和魅力尽显于此。笔者当年初学此着后，真有如醉如痴的感觉。亲爱的读者朋友们，您有同感吗？如黑方将5进1，红方车八退一，红胜。

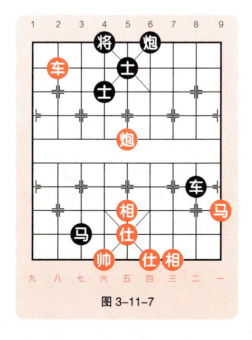

图3-11-7

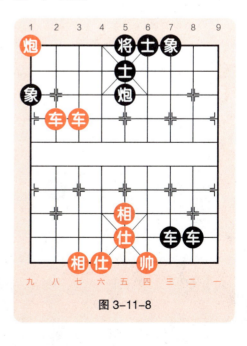

图3-11-8

⑦ 车八退一，红胜

三、铁门栓

在其他子力配合下，用车或兵（卒）直插对方将门肋道一举获胜的杀法，称为铁门栓杀法。这种杀法多用于车炮兵联合作战，攻杀凌厉，常令对手束手无策。

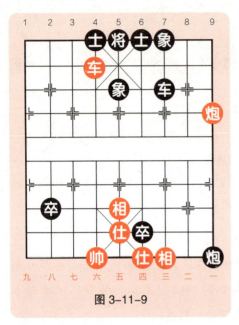

图 3-11-9

如图 3-11-9。红方利用左肋车、帅的优势，运炮攻击，巧妙形成铁门栓杀局。

① 炮一平八，士4进5

红方右炮左移，攻击黑方空虚的右翼，准备炮八进三，士4进5，车六进一杀棋。黑方不得已补士。

② 炮八平五，车7进7

红方虚晃一枪，炮镇中路，实现铁门栓局面。

③ 车六进一，红胜

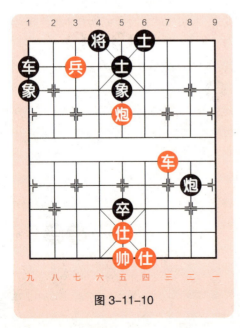

图 3-11-10

如图 3-11-10。

① 车三平六，将4平5

红方叫将抢得先机。

② 帅五平六，车1退1

红方出帅继续叫杀。黑方退车防守。

③ 兵七平六，车1平2

红方车、兵、帅3个子力威胁对方将门，也称"三把手"，这种杀法锐不可当，凶悍无比。

④ 兵六进一，车2平4

⑤ 车六进五，红胜

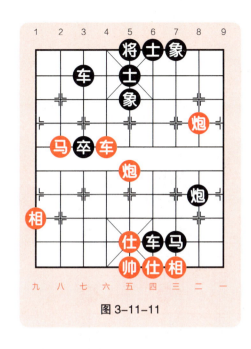

图 3-11-11

如图 3-11-11。

① 帅五平六，车 3 退 1

红方出帅叫杀。黑方退车防御。

② 马八进九，炮 8 平 3

红马跳至边线，预计强行马九进七弃马卧槽，黑方车 3 进 1，红方车六进四杀。黑方平炮阻止红方卧槽。

③ 炮二平七，车 6 退 4

红方献炮妙手，阻隔黑方 3 路的防守要点，制胜关键。黑方献车，做最后挣扎。

④ 马九进七，车 3 进 1

如红方走车六平四贪吃黑车，则黑方车 3 平 4，黑方反败为胜。红马进七，继续贯彻原定计划，弃马卧槽，最终取胜。

⑤ 车六进四，红胜

以下各题均为红先，红方如何取胜？

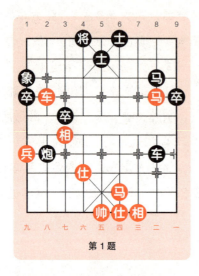

第1题

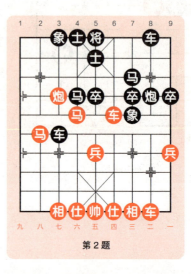

第2题

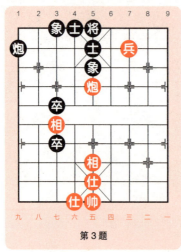

第3题

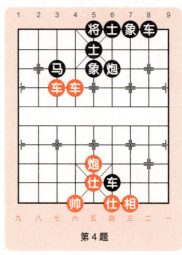

第4题

第12课 杀法二

一、重炮

这是双炮组合取胜的一种杀法。如图3-12-1，一方双炮在同一条直线或同一条横线上重叠组合展开攻势，一炮在前充当炮架子，另一炮在后面将军；或者一炮在前面将军，另一炮在后面控制对手炮架子不能躲开，直至将对手将死，称"重炮"或者"双炮将"。

如图3-12-2，在使用重炮杀法的时候应注意几个常规问题：①进攻方的双炮距离要相邻，越近越有利，可以避免杀棋的时候中间插子解围；②用于做准备时，炮和老将的距离越远越好，容易找到合适的空当相互协助；③在准备重炮的时候，哪只炮先将，哪只炮后将，要注意次序，否则容易前功尽弃；④在防守对手的重炮时，除了动将，经常还有用车吃炮破坏对手的办法，但要注意跟对炮，否则徒劳。

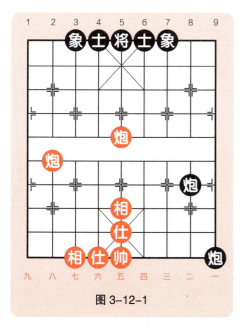

图 3-12-1

如图3-12-1。

① 炮八平五，红胜

黑方原位将两侧各有士象，所以迎面中路的攻击不能靠躲避老将来防守，只能上士或者上象来抵挡，现在红方已有一个中炮，即"空头炮"，可以控制黑方士象的活动，后炮将军时，它又起到了炮架子的作用，故形成重炮将死。

黑先：

① …… 炮8进3，黑胜

红方原位帅上方有仕相，所以右侧底线的攻击不能靠躲避老将来防守，只能下仕或者下相来抵挡，现在黑方已有一个底炮可以控制红方仕相的活动，前炮沉底，给后炮当炮架子，又控制仕相不能下落，故形成重炮将死。朋友们可以想想看，给边炮当炮架子的棋子除了炮，还有没有其他兵种可以一下子这么凶狠地置对手于死地？

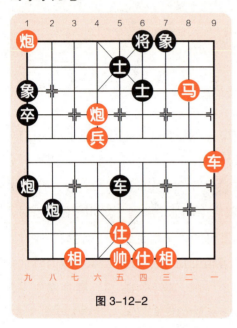

图3-12-2

如图3-12-2。

① 炮六进三，象1退3

如果现在让红车先防守，是应该车一平九还是车一平八呢？记住常规情况下，车要跟后炮才有效果。由于红方双炮距离较远，所以黑方有象1退3或者炮2退7在中间阻挠，所以无法取胜。

黑先：

① …… 炮1进3

黑方不能先炮2进2，否则红方相七进九，拦住炮下底的线路，黑方无法取胜。

② 相七进九，炮2进2，黑胜

二、大胆穿心

在其他子力配合下，一方用车强行杀法去对方中心士，摧毁对方防线，再用其他子力将死对方的杀法，称为"大胆穿心"杀法，又称"大刀剜心"。这种杀法讲究速战速决，在弃子攻杀中经常采用。

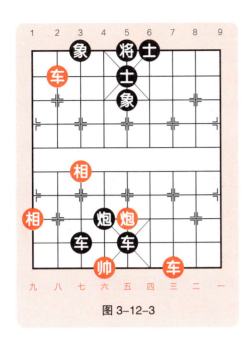

图 3-12-3

如图 3-12-3。

① 车八平五，将 5 平 4

红方弃车杀中士摧毁对方防线是车炮联合作战的常用手段。黑方如士 6 进 5 吃车，则车三进九杀。

② 车五进一，将 4 进 1

③ 车三进八，士 6 进 5

红方底车投入战斗，为获胜关键。

④ 车三平五，将 4 进 1

⑤ 前车平六，红胜

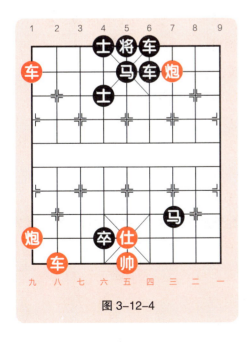

图 3-12-4

如图 3-12-4。

① 车九平五，士 4 进 5

红方妙手！为解除被杀状态，强行"穿心"送车。

如黑方改走士 4 退 5 或前车平 5，红方均走炮九进八闷宫杀。

② 仕五进四，将 5 平 4

红方支仕挡车露帅，解杀还杀。

③ 车八进九，将 4 进 1

④ 炮九进五，后车平 7

⑤ 炮九平六，红胜

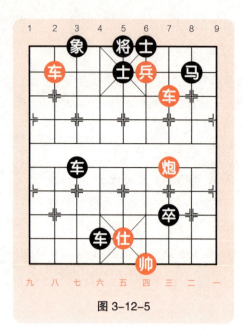

图 3-12-5

如图 3-12-5。

① 车八平五，将 5 平 4

如黑方改走士 6 进 5，则红方车三进二，士 5 退 6；车三平四，马 8 退 6；炮三进五，红胜。

② 车三平六，车 4 退 6

红方弃车好棋，使得红炮投入战斗。

③ 车五进一，将 4 平 5

红方再次弃车，逼迫黑将进中，巧妙构成炮兵杀局。

④ 炮三进五，士 6 进 5

⑤ 兵四进一，红胜

三、二路夹车炮

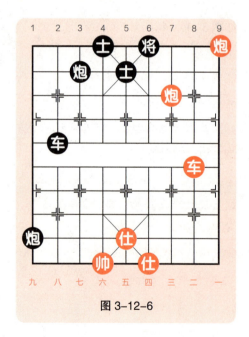

图 3-12-6

双炮集于一翼，与车相呼应，在对方九宫侧翼三条横线上交替将军而获胜的杀法，称为"二路夹车炮"杀法。

如图 3-12-6。

① 车二进五，将 6 进 1

② 车二退一，将 6 进 1

必要的次序，让黑将定位。

③ 炮一退二，红胜

如果是黑方先行，则是黑胜，着法为：

① …… 车 2 进 5

② 帅六进一，炮 3 进 7

③ 帅六进一，车 2 退 2，黑胜

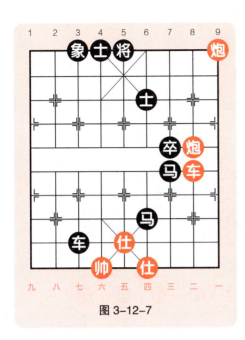

图 3-12-7

如图 3-12-7。

① 炮二进四，将 5 进 1

② 车二进四，将 5 进 1

③ 炮一退二，士 6 退 5

④ 车二退一，士 5 进 6

⑤ 车二退一，将 5 退 1

红方利用车炮连将调整子力位置。

⑥ 车二进二，将 5 退 1

⑦ 炮一进二

红方车炮联攻，顿挫有序，一举获胜。

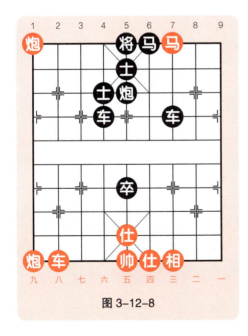

图 3-12-8

如图 3-12-8。

① 车八进九，士 5 退 4

② 车八退三，士 4 进 5

如黑方将 5 进 1，则红方车八进二，红速胜。

③ 前炮平八，士 5 进 6

借助车的掩护，移动前炮，用后炮，准备重炮杀。

如黑方将 5 平 4，则红方炮九进九，将 4 进 1；车八进二，红胜。

④ 炮九进九，将 5 进 1

⑤ 车八进二，红胜

 小练习

以下各题均为红先，红方如何取胜？

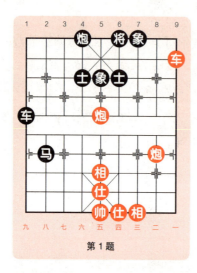
第1题

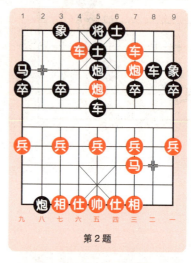
第2题

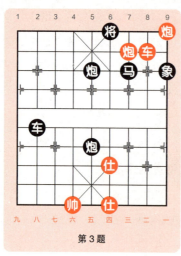
第3题

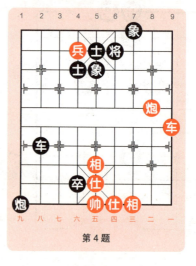
第4题

第13课 杀法三

一、马后炮

基本位置：当一方马与对方将（帅）处在同一条直线或者横线上，且马和将（帅）仅隔一格，也就是说可以控制将（帅）只能在和马的同一条线上移动，然后以马当炮架，炮在马后将军，称"马后炮"，是常见的马炮杀法组合。

如图3-13-1。

① 马八进六，将5平4　　② 炮五平六，红胜

黑先：

① ……　马8进7　　② 帅五进一，炮9进4，黑胜

这是马后炮的基本定式。

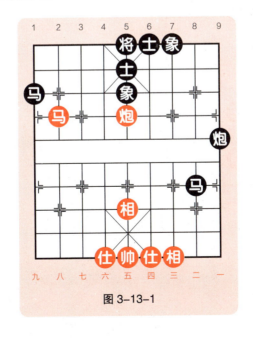

图3-13-1

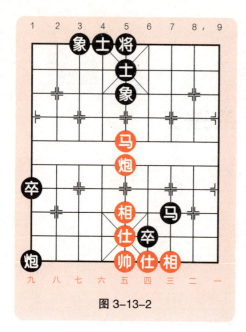

图 3-13-2

如图 3-13-2，双方进入马炮残棋，红方少兵处于劣势，但黑方子力无法后撤给了红方巧胜的机会。

① 马五进四，将 5 平 6

② 马四进二，将 6 平 5

红方调整马位控制将门是获胜的关键。如黑方将 6 进 1，则红方炮五平一，下一步炮一进四马后炮绝杀。

③ 炮五进二，马 7 退 6

红方摆脱黑马的防守，压缩马炮组合的距离，减少对手防守的机会。

④ 马二退四，将 5 平 6

⑤ 炮五平四，红胜

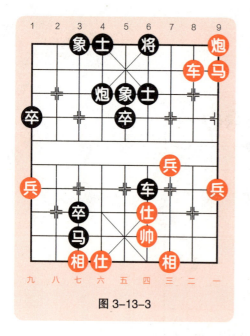

图 3-13-3

如图 3-13-3 是一则实战中局，看看红方车马炮如何抢先成杀。

① 车二进一，将 6 进 1

② 马一进三，炮 4 退 1

③ 马三退二，将 6 平 5

④ 车二平五！将 5 退 1

红方一着如醍醐灌顶！

⑤ 马二进三，红胜

二、双将

一方走出一步棋，可使己方两个棋子同时将军，并将死对方的杀法，称为"双将"。

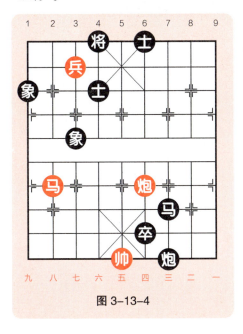

图 3-13-4

如图3-13-4。红帅占领中路，可用弃兵手段，形成双照将杀法。

① 兵七平六，将4进1

红方弃兵为马炮联攻做好准备。

② 炮四平六，士4退5
③ 马八进六，士5进4
④ 马六进七，红胜

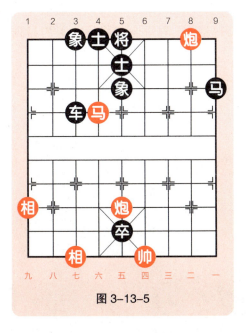

图 3-13-5

如图3-13-5。

① 马六进四，将5平6
② 炮五平四，车3平6
③ 马四进三，红胜

红马跃至底线，形成双炮同时将军，黑方无法应将。

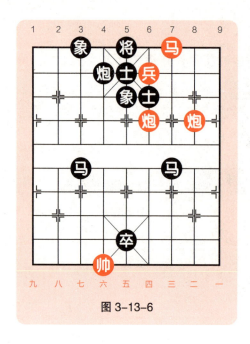

图 3-13-6

如图 3-13-6。此局为炮、马、兵 3 子同时将军，称为"三照将"，是双将的一种特例。

① 炮二进三，士 5 退 6
② 马三退四，士 6 进 5
③ 兵四进一，红胜

三、八角马

用马在对方九宫的任何一个士角位置上，与对方将（帅）形成对角，使其丧失活动自由，然后用其他子力将死对方的杀法，称为"八角马"杀法。

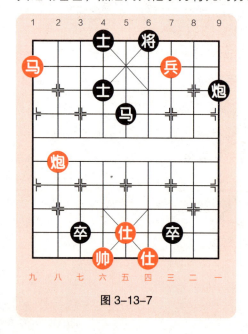

图 3-13-7

如图 3-13-7。这是一盘简单的连杀局，它显示八角马控制将（帅）的特殊能力。

① 炮八进五，士 4 进 5
② 马九进七，士 5 退 4
③ 马七退六，士 4 进 5
④ 兵三进一，红胜

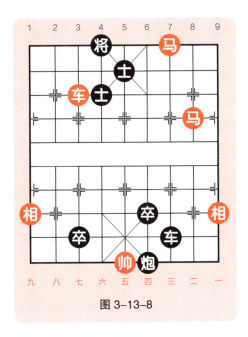

图 3-13-8

如图3-13-8。掌握八角马的基本技巧后，在纷繁的棋局中就能出奇制胜。

① 马二进四，炮6退7

红方利用红帅占中，强行跳马做杀。

② 马三退四，士5进6

红方再次形成"八角马"之势。

③ 车七平六，红胜

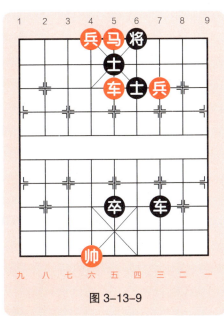

图 3-13-9

如图3-13-9。本局黑卒逼进九宫，几乎形成绝杀之势，但红方在危急中，将"死马"变成"活马"，巧妙抢先一步而反败为胜。

① 车五平四，士5进6

红方弃车解杀，解脱红马之困。

② 马五退六，车7进2

红方暗伏兵六平五杀棋。

③ 帅六进一，卒5平4

④ 帅六平五，卒4进1

⑤ 帅五平六，车7平5

黑方利用弃卒，车占中路暂解燃眉之急。

⑥ 兵三平四，车5退8

红兵破士，奠定胜局。

⑦ 兵四进一，车5平6

⑧ 兵六平五，红胜

图 3-13-10

如图3-13-10。

① 兵二平三，将6退1

② 兵六进一，车5平7

红方弃兵妙手，是形成八角马的铺垫。暗伏兵三进一，将6进1，马五进三的杀法。黑方平车捉兵。

③ 相一进三，士5退4

红方飞相阻隔，恰到好处。

④ 马五进六，卒2平3

红方形成八角马绝杀。

⑤ 兵三进一，红胜

 小练习

以下各题均为红先，红方如何取胜？

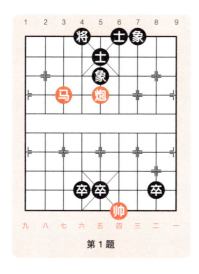

第1题

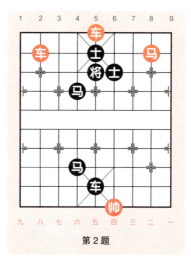

第2题

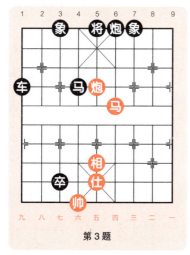

第3题

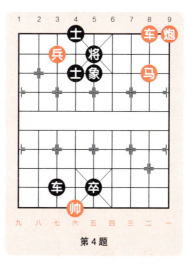

第4题

第14课 杀法四

一、挂角马

基本位置：位于对方两个高士角位置的马，称"挂角马"。如图3-14-1，红、黑双方双马所均处对手阵营，位置为挂角马。在实战中，挂角马经常可以将军，造成对手将不能安稳于原位，常与车、炮、卒等子力组成联合攻势，具有极强攻击力。

提示：由于挂角马进攻地处士角，在对手有士防守的时候要尤为谨慎，否则鸡飞蛋打。下面提示大家4种利于挂角马进攻的常规手段。

当对手没有中心士时，我们的马可以顺利挂角将军。如图3-14-2。

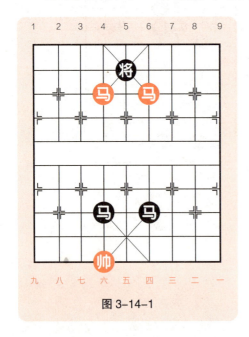
图3-14-1

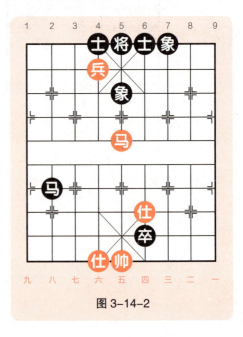
图3-14-2

红先：

① 马五进四，红胜

黑先：

① …… 马2进4，黑胜

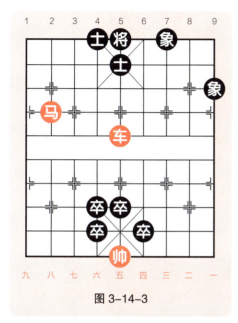

图 3-14-3

当对手有中心士防守的时候我们可以利用自己的其他子力帮忙，形成挂角马将军。如图 3-14-3。

① 马八进六，将5平6

红方马可以在对手有中士防守的情况下顺利将军，依仗了红方五路车对中士的牵制。

② 车五平四，士5进6
③ 车四进二，红胜

这是挂角马和车组合的基本定式。

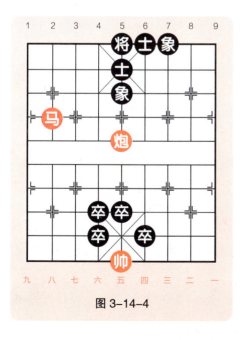

图 3-14-4

如图 3-14-4。

① 马八进六，将5平4

红马可以在对手有中士防守的情况下顺利将军，倚仗了红方五路炮对中士的牵制。

② 炮五平六，红胜

这是挂角马和炮组合的基本定式。

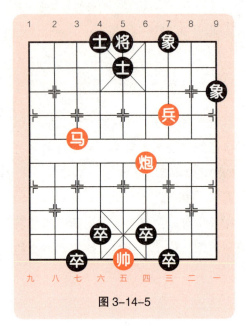

图 3-14-5

如图3-14-5。

① 马七进六，将5平6

红马可以在对手有中士防守的情况下顺利将军，依仗了红帅对中士的牵制。

② 兵三平四，士5进6

③ 兵四进一，红胜

二、卧槽马

基本位置：在对方三、七路底象上一格位置的马称"卧槽马"。如图3-14-6，红、黑双方双马均处于对手阵营，位置为卧槽马，这个位置的特点是将军的同时也可以吃原地不动的车，而且这个地方不受士象的防守，使用起来更容易，所以使用频率是所有马的杀法中最高的。

如图3-14-7。

① 马八进七，将5平6

红方卧槽马将军，又可以吃边车。

② 车一平四，士5进6　　③ 车四进一，红胜

黑先：

① ……　马8进7　　② 帅五进一，车1进8，黑胜

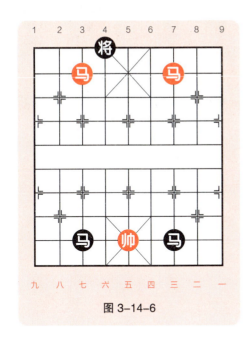

图 3-14-6

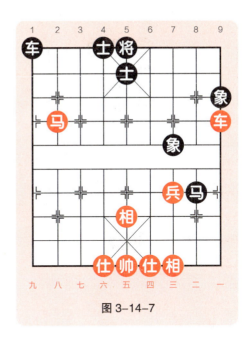

图 3-14-7

如图 3-14-8。

① 兵六平五，士 4 进 5

红方六路兵妨碍了卧槽马的顺利进攻，所以解决掉象眼兵成为当务之急。

② 马六进七，将 5 平 4

③ 车一平六，士 5 进 4

④ 车六进二，红胜

黑先：

① …… 马 9 退 7

② 帅五平四，卒 7 平 6

除了和车配合，炮卒组合也起到了肋车照将的作用。

③ 仕五进四，卒 6 进 1，黑胜

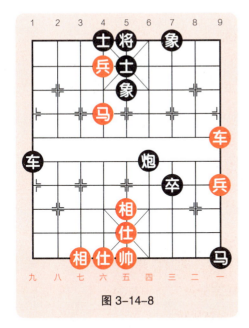

图 3-14-8

三、双马饮泉

用一马在对方九宫侧翼控制将门，另一马卧槽奔袭，迫其主将（帅）不安于位，然后双马互借威力、回环跳跃、盘旋进击而取胜的杀法，称为"双马饮泉"杀法。

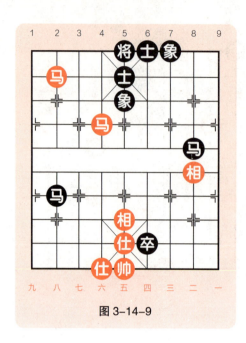

图 3-14-9

如图 3-14-9。

① 马六进七，将 5 平 4

② 马七退五，将 4 平 5

如黑方改走将 4 进 1，则红方马五退七杀棋。

③ 马五进三，红胜

红马借抽将之力，仅 3 个回合就获胜。这是双马饮泉的基本杀法。

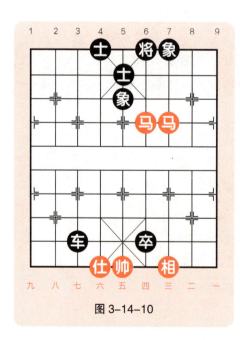

图 3-14-10

如图 3-14-10。

① 马三进二，将 6 平 5

如黑方将 6 进 1，则红方马四进二杀棋。

② 马四进三，将 5 平 6

③ 马三退五，将 6 平 5

如黑方将 6 进 1，则红方马五退三杀棋。

④ 马五进三，将 5 平 6

⑤ 马三退四，将 6 平 5

红方变换方向抽将为正着。因黑方有 3 路车看住卧槽。

⑥ 马四进六，红胜

红方最终借帅力挂角取胜。

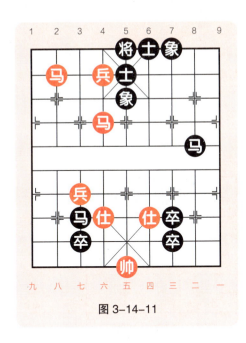

图 3-14-11

如图 3-14-11。

① 马八退六，马 8 退 6

红马挂角送入虎口，有惊无险。这是双马饮泉杀法的一种典型着式，值得借鉴。黑方退马进行防御。

② 兵六进一，将 5 平 4

红方献兵好棋，为双马盘宫入局闪开攻杀道路。

③ 前马进八，将 4 平 5
④ 马六进七，将 5 平 4
⑤ 马七退五，将 4 平 5
⑥ 马五进七，将 5 平 4
⑦ 马七退六，将 4 平 5
⑧ 马六进四，红胜

# 小练习

以下各题均为红先，红方如何取胜？

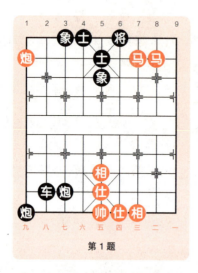

第1题

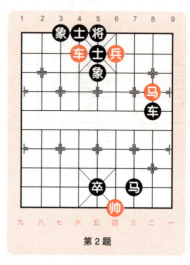

第2题

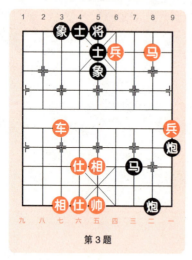

第3题

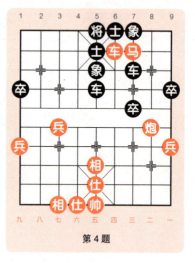

第4题

第15课 杀法五

一、钓鱼马

在对方三三或七三位置上照将,或者控制对方将(帅)活动,然后借马之力,用车将死对方,称为"钓鱼马"。

如图3-15-1。

① 兵四平五,士6进5　　② 车二进五,士5退6

③ 车二平四,红胜

红方弃兵杀中士后再用车照将,构成钓鱼马基本杀型。

如图3-15-2。

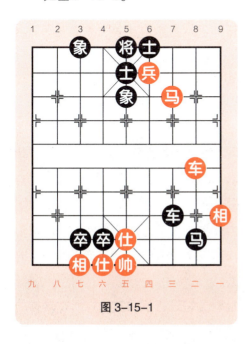

图3-15-1

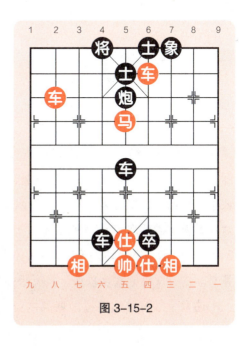

图3-15-2

① 车四进一，士5退6 ② 车八进二，将4进1

红方次序正确，如先走马五进七，将4进1，红方无杀着。

③ 车八退一，将4退1

如黑方将4进1，则红方马五退七，红方速胜。

④ 马五进七，将4平5 ⑤ 车八进一，车4退8

⑥ 车八平六，红胜

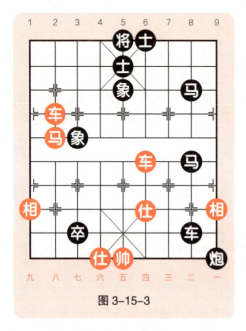

图 3-15-3

如图 3-15-3。

① 车八进三，士5退4

② 车八平六，将5平4

红方弃车及时，如改走马八进七，士6进5；车四平六，后马退6；马七进五，车8平4，红方难取胜。

③ 马八进七，将4平5

如黑方改走将4进1，则红方车四平六，红胜。

④ 车四平八，车8进1

⑤ 帅五进一，卒3平4

⑥ 帅五进一，后马退6

如红方误走帅五平六吃卒，黑方象3退1，红方无杀，黑胜。

⑦ 车八进五，马6退4 ⑧ 车八平六，红胜

二、高钓马（侧面虎）

基本位置：位于对方原位三、七路卒（兵）的位置上的马，称"高钓马"。如图 3-15-4，红、黑双方双马所均处对手阵营，位置为高钓马。这个位置上的马，攻杀十分凶狠，犹如老虎一样，所以又名"侧面虎"。在实战中，钓鱼马可以控制对手九宫里象眼和高士角的位置，有时造成对手同一侧的将不能行动，当然如图 3-15-5 所示，虽然马处于高钓马的位置但无法对将产生威胁，便失去了高钓马的意义。常与车组成联合攻势，具有极强攻击力。

注意：红方虽然马位地处高钓位，但不能对方将进行实质攻击，所以这样的

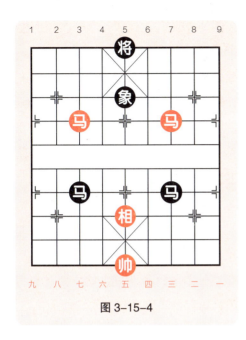

图 3-15-4

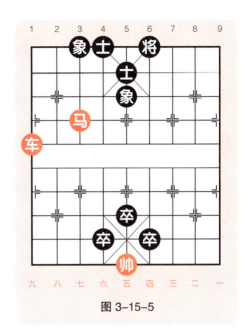

图 3-15-5

马不具备高钓马的功效。

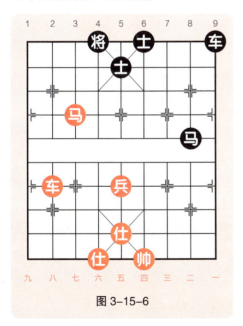

图 3-15-6

如图 3-15-6。

① 车八进六，红胜

因为高钓马控制象眼的位置，红车可以在马的控制下沉底将军，使将（帅）无路可逃。

黑先：

① …… 车9进9

② 帅四进一，马8进7

③ 帅四进一，车9退2，黑胜

这是高钓马和车组合的基本定式。

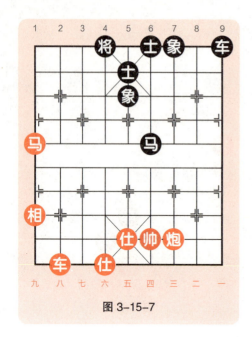

图 3-15-7

如图 3-15-7。

① 车八进九，象5退3

红方先底线将军次序正确，如先马九进七，则黑方将4平5脱离高钓马的管控。

值得注意的是，棋迷朋友们在使用高钓马的杀法时，经常会遇到对手象的阻挠，下面我们学习这个基本定式的走法。

② 车八平七，将4进1

③ 马九进七，将4进1

④ 车七退二，将4退1

红方一定要计算清楚，这里并没有将死，因为自己的车蹩了自己的马脚。

⑤ 车七进一，将4退1

红方也有车七平八的另一种杀法，将4退1；车八进二，红胜。这两种方法要视对手防守时不同的情况选择，参见图3-15-8。

如黑方将4进1，则红方车七平六，红胜。

⑥ 车七进一，红胜

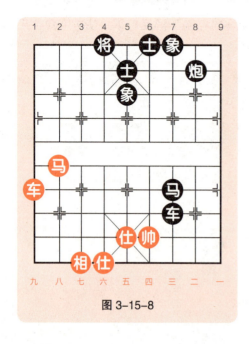

图 3-15-8

黑先：

① …… 马6进5

有时候中卒的位置也可以起到高钓马的作用，但它没有标准的名称，因为大多有中象和中炮的阻碍，所以很难成为定式。如黑方马6进7；则红方炮三进一，不能连杀。

② 帅四进一，车9进7，黑胜

如红方帅四退一，车9进9，黑胜。

如图 3-15-8。

① 车九进六，象5退3

② 车九平七，将4进1

③ 马八进七，将4进1

④ 车七退二，将4退1　　⑤ 车七平八，将4退1

红方不能选择车七进一的方法，否则将4进1，红方无法车七平六。

⑥ 车八进二，红胜

黑先：

① ……　车7进1　　② 帅四进一，车7平6，黑胜

如图3-15-9。

① 车九进三，将4进1　　② 马九进八，士5进6

红方快马加鞭，显示出高钓马杀法速度之快，一步棋就可以越过河界，快速参与组杀。

黑方子力处于进攻状态，无法快速回防，所以支士企图进将解围。

③ 车九平五，士6进5

红车占中，俗称"篡位车"，阻断了黑将逃跑的线路，是催杀的好棋。如红方随手走马八进七，将4平5，黑将逃离无法组杀。黑方阻止红方之后的车五平六。

④ 马八进七，将4进1　　⑤ 车五平八，绝杀红胜

如图3-15-10。

① 车四进九，将5平6　　② 车二进四，象5退7

③ 车二平三，将6进1　　④ 马二进三，将6进1

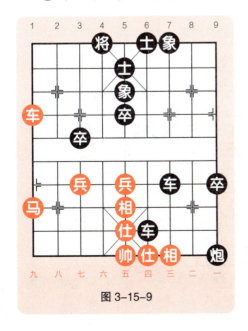

图3-15-9

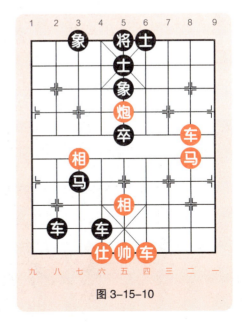

图3-15-10

⑤ 车三退二,将6退1　　⑥ 车三进一,将6进1

⑦ 车三平四,红胜

黑先:

① ……　车4进1　　　　② 帅五平六,车2进1

③ 相五退七,车2平3,黑胜

以下各题均为红先,红方如何取胜?

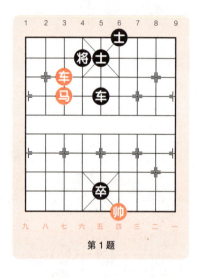

第1题

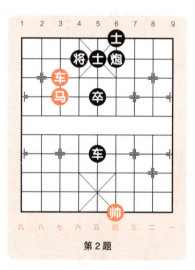

第2题

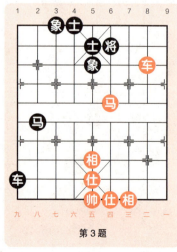

第3题

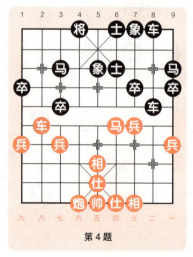

第4题

第16课 杀法六

一、金钩马

位于对方下二路线,接近边线的位置上的马,称作"金钩马",俗称"钩子马"。如图3-16-1,红黑双方双马地处金钩的位置,它看似距离对方将位较远,但实则不然,经常可以控制九宫将门的位置,而且转变灵活,可以瞬间挂角,亦或瞬间高钓。

如图3-16-2。

① 车四进六,士5退6

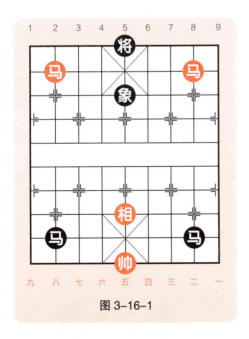

图 3-16-1

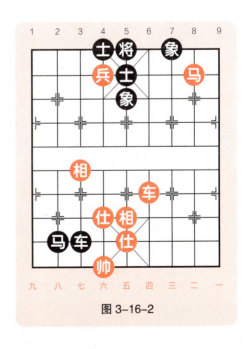

图 3-16-2

红方进底车贴将将军，完全是利用金钩马的威力，黑方无法用将吃车，只得退士，露出挂角的位置，利用肋道兵对将的控制进行组杀。

② 马二退四，红胜

这个配合有个很好听的名字"金钩挂玉"。当然，引开对手防守挂角马的士和控制老将最终无处可去的子也有可能是别的兵种。

黑先：

① ……　车3平5，黑胜

黑方也经常遇到此棋形，但大多棋迷朋友都喜欢进行吃子，比如车3退3，则红方帅六平五，黑方就错失战机了；也有的会尝试车3进1双将，但帅六进一后还是不能杀棋。找到一个既可以控制帅六平五，同时又不能让其帅六进一的位置，唯有"宫心"，所以杀中士是取胜的关键。

二、臣压君

图 3-16-3

利用弃子攻杀手段，堵塞对方将（帅）活动通道，或者通过照将造成对方攻击性子力自堵将（帅），而乘机将死对方的杀法，称"臣压君"。

如图 3-16-3。

① 炮二平三，车7平6

红方平炮打车好棋，腾出红车的进攻路线，进行车炮兵联攻。

② 车二进二，士5退6

③ 车二平四，马5退6

红方果断弃车，形成单炮闷杀。

④ 炮三进一，红胜

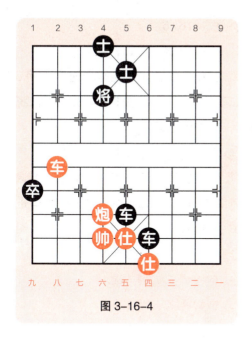

图 3-16-4

如图3-16-4。

① 车八进三，将4退1

② 炮六进五，车6退2

红方进炮堵塞黑将活动位置，构思奇妙。

③ 车八进一，红胜

三、双车错

所谓"双车错"杀法，就是运用双车交替将军，把对方将死。这种杀法主要在对方缺士或己方主将（帅）受攻时使用，威力强大，势不可当。

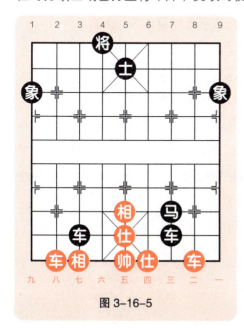

图 3-16-5

如图3-16-5，黑方暗伏双车杀中士的杀法，但红方可抢先一步，用双车错杀法取胜。

① 车二进九，将4进1

注意红方先要用二路车将军，把黑将请上来。如误走车八进九，象1退3；车二进九，将4进1；车八退一，将4进1；车二退二，象3进5，黑方可以用象化解红方进攻。

② 车八进八，将4进1

③ 车二退二，士5进6

④ 车二平四，红胜

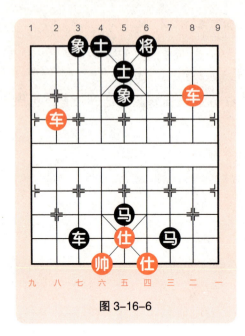

图 3-16-6

如图 3-16-6。

① 车八平四，将6平5

红方为正着。如误走车二进二，将6进1；车八平四，士5进6；车四进一，将6平5，红方无连杀。

② 车二进二，象5退7

黑方送象可以延缓步数，如走士5退6，则红方车二平四，将5进1；后车进二，红方速胜。

③ 车二平三，士5退6

④ 车四进三，将5进1

⑤ 车四平五，将5平6

⑥ 车三平四，红胜

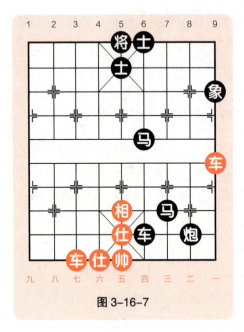

图 3-16-7

如图 3-16-7。

① 车一平五，将5平4

红方平车中路作杀，正着。

② 车七进九，将4进1

③ 车五平八，炮8退6

红方平车叫杀，黑方退炮防守。

④ 车七退二，炮8平5

红方限制黑将活动范围，这是基本的作杀控制技巧。

⑤ 车八进四，将4退1

⑥ 车七进二，红胜

 小练习

以下各题均为红先，红方如何取胜？

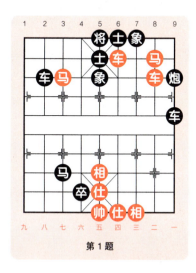

第1题

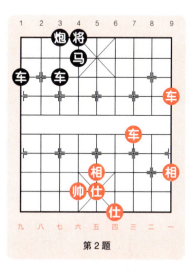

第2题

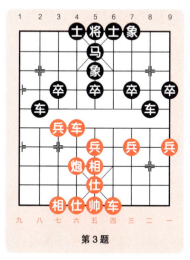

第3题

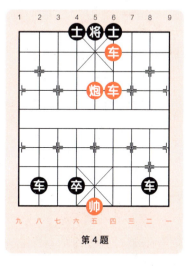

第4题

第17课　杀法七

一、海底捞月

图 3-17-1

借助帅（将）对中线的控制力，把子力运动到对方底线，在其将（帅）的背后发起攻势而取胜的杀法，称为"海底捞月"杀法。

如图 3-17-1。

① 炮三进一，车4退2

红炮必须要移到黑将一侧，这步棋是子力调动的关键。

② 车五进四，将4进1

③ 炮三平八，车4平2

④ 车五退四，车2平4

⑤ 炮八进四，将4退1

⑥ 车五进四，将4进1

⑦ 炮八平六，车4平3

红方是车炮海底捞月的基本形状，它的精妙之处在于利用黑将作为炮架，赶走黑车，再退车迎面照将。

⑧ 车五退四，将4退1　　⑨ 车五平六，红胜

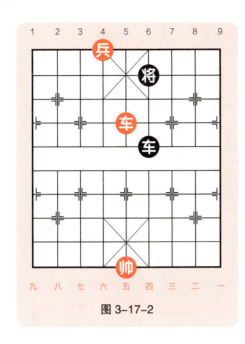

图 3-17-2

如图 3-17-2。

车底兵可以巧胜单车将，是海底捞月的另一种杀法形式，本局红车在底线将军而获胜。

① 兵六平五，车6进2
② 车五进二，将6进1
③ 兵五平四，车6退2
④ 兵四平三，车6进2
⑤ 车五进一，将6退1
⑥ 车五平四，红胜

二、闷杀

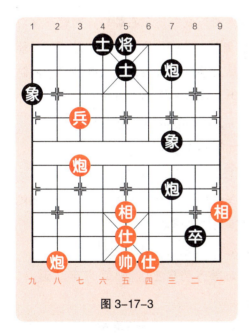

图 3-17-3

用炮将军的时候，对方的将（帅）和所借用的炮架子都无法走动，也就是将（帅）被闷死，这种杀法称为"闷杀"。

如图 3-17-3，借助己方的子力帮助堵塞象眼，当然中盘战斗中用车切断象眼，最为凶狠，是闷杀常见的准备工作。

① 炮八进九，象1退3
② 炮七进五，红胜

黑先：

① …… 前炮进3

因为黑方8路卒堵住了红方边象的象眼，黑方的担子炮可以前仆后继地进行闷杀，直至红方没有办法解决。这是闷杀的基本阵形。

② 相五退三，炮7进8，黑胜

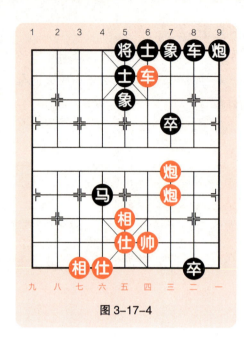

图 3-17-4

如图3-17-4。

① 车四平二，车8进1

红方妙手献车，目的是破坏黑方底线的车炮联防，且解决自己右翼的危险。黑方如果不吃红车，那就会被吃掉，也成败局。

② 前炮进五，象5退7

③ 炮三进六，红胜

黑先：

① …… 车8进8

② 帅四退一，炮9进9

③ 相五退三，卒8平7，黑胜

三、炮辗丹沙

借助车力或者其他子力的力量，用炮攻入对方底线，左右翻打，辗转扫荡对手的士象，从而构成杀棋，称"炮辗丹沙"。当然，实战中利用这个方法即使不能达到马上获胜，也可以大大削减对手的防御能力，使其将（帅）直接暴露在枪林弹雨之下，不易躲闪而受到攻击。

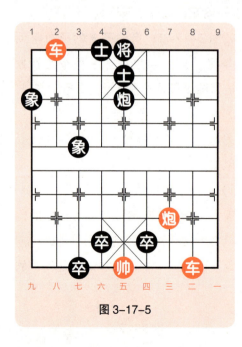

图 3-17-5

如图3-17-5。

① 车二进九，士5退6

底车将军，迫使黑士落下成为三路炮沉底待将的架子。

② 炮三进七，士6进5

如黑方将5进1，则红方车二退一，红胜。

③ 炮三平六，士5退6

红方为炮辗丹沙的典型走法，这才是辗转翻飞的开始。

④ 炮六平四，将5进1

红方借助双车力量，撕毁黑方底线防御，为双车杀王奠定基础。

⑤ 车八退一，红胜

形成双车错杀。

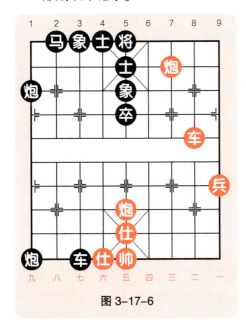

图 3-17-6

如图3-17-6。

① 车二进四，士5退6

由于红方有中炮的牵制，所以黑方不能象5退7，否则红方车二平三，杀棋。

② 炮三进一，士6进5

③ 炮三平六，士5退6

④ 炮六平八，将5进1

底线只要有炮架子（通常使用对手的象来帮忙当炮架子）黑方的棋子都可以在红炮辗转翻飞的范围之内，吃掉四路的士和八路的马，红方还有后续威胁老将的手段。

因为边炮的存在，造成有象无处飞的局面，黑方唯有上将解围。

⑤ 车二退一，红胜

黑先：

① …… 车3退1，闷杀黑胜

四、天地炮

一炮镇中路，另一炮沉入对方底线，分别对对方防守子力士象进行同时牵制，使看似相互联系的士象实质上互不保护，然后用其他子力（一般指车）配合，借助双炮的力量从中士或底士入手直接将死对方，当然也可以是"空头底炮"协助进攻，这个杀法称作"天地炮"。此杀法还可以配合铁门栓、大刀剜心等一起使用，效果更佳。

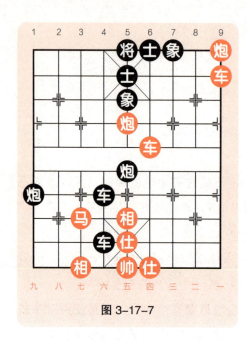

图 3-17-7

如图 3-17-7。

① 车四进四，红胜

另一种杀法是车一平五，将5平4；车四进四，红胜。

黑先：

① …… 炮1进3

② 相七进九，前车进1，黑胜

如果红方马七退八，前车进1，黑胜。

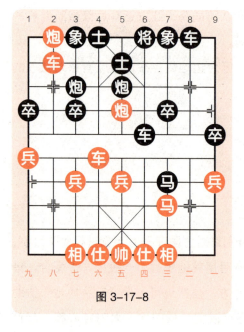

图 3-17-8

如图 3-17-8。

这是古谱《橘中秘》中的一则实战片段，由大列手炮演变而成。黑先：

① …… 车8进1

黑方长车保护中士看似自然，但实则低估了红方的攻击力。应炮5进4对攻。

② 车八平五，车8平5

红方为大刀剜心和天地炮的组合杀法。

③ 车六进五，车5退1

如黑方直接将6进1，则红方车六平四，红胜。

④ 车六平五，将6进1

⑤ 车五平四，红胜

借助底炮肋线勾将，不可车五退一，将6进1；红方无法组杀。

 小练习

以下各题均为红先,红方如何取胜?

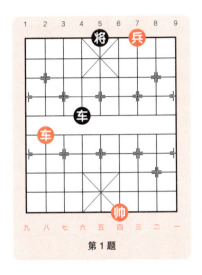
第1题

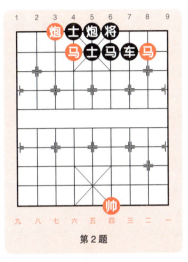
第2题

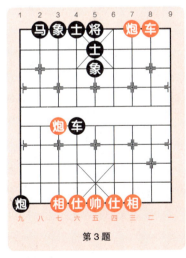
第3题

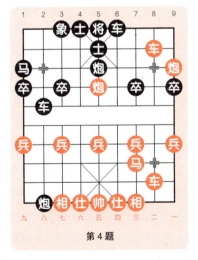
第4题

第四章　炮类布局及中局

我们在前面17课已经学习了象棋的杀法和定式残局，从本章开始，我们将要学习象棋的布局和中局战术。布局、中局的变化繁多，本书以具体布局为主，将中局战术穿插其中。开局按兵种来看，可分为炮、兵、相、马四大类。下面我们先来看看以炮为主的布局。

第18课 顺手炮

红方炮立当头,黑方以同方向的炮摆中,称为"顺手炮"。

一、对打空头炮

① 炮二平五,炮8平5

红方走当头炮,是象棋中最常见最直接的进攻方式。黑方必须对己方的中卒加以保护。否则红炮五进四后,将形成空头炮。红方将占有极大优势。那么黑方摆中炮后,红方再打卒,又会如何呢?请往下看。

② 炮五进四,炮5进4??

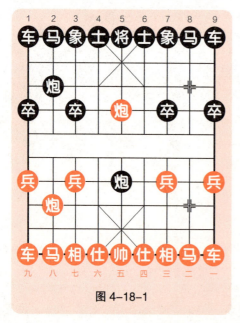

图4-18-1

如图4-18-1,黑方为很差的一着,很多初学象棋的人往往爱这样下。认为互吃一卒,各不吃亏。但是象棋不仅是比较子力的多少,更要看子力的位置、有无攻势等。

③ 炮五退二,马8进7

形成胜势的重要一着,如改走马二进三,则黑方炮5退2,反占优势。

④ 马二进三,炮2进4

⑤ 兵七进一,炮5平3

⑥ 炮八平五,炮3平5

⑦ 马三进五,将5进1

⑧ 炮五平一,红方胜势

二、弃马十三着

① 炮二平五，炮8平5　　② 马二进三，马8进7

③ 车一进一，车9平8

红方这样出车称横车，下一着调往自己的左肋。与左翼的车马炮主力子配合，集中攻击黑方的右侧。

④ 车一平六，车8进6　　⑤ 车六进七，马2进1

红方伸车对方下二路，下手准备车六平八，是很有力量的一着，也是此类布局中常用的战术手段。

⑥ 车九进一，炮2进7

红方看似好像是走漏了，其实是欺骗性极强的好棋。黑方吃马中计，如改走士6进5，尚无大碍。

⑦ 炮八进五

如图4-18-2，红方进炮抢占黑方炮花，也是弃马的依据所在。以下黑方有两种下法，均难逃一败。

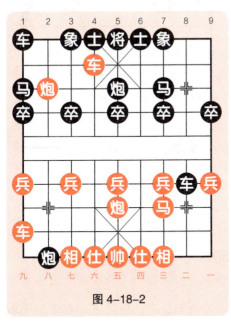

图4-18-2

（1）马7退8

⑦ ……　马7退8

⑧ 炮五进四，士6进5

如黑方士4进5，则红方车九平六，立成铁门栓杀式。

⑨ 车九平六，将5平6

⑩ 前车进一

如图4-18-3，红方弃车砍士为漂亮的攻杀手段，置黑方于死地。

⑩ ……　士5退4

黑士吃车速败，应走将6进1，虽仍是败势，但还可抵挡。

⑪ 车六平四，炮5平6

⑬ 炮八平五，红胜

⑫ 车四进六，将6平5

红方从第一步到现在绝杀黑方，正好13步，所以此局又称"弃马十三着"。

（2）车8退4

⑦……　车8退4

⑧ 车六平三，车1平2

⑨ 炮八平三，象7进9

⑩ 炮五进四

第一种应法：

⑩……　士6进5

⑪ 炮三平一！车8退2

如图4-18-4。

⑫ 车九平二，车8平6

红方欺车着法紧凑，集大子于一侧。黑方将疲于奔命，防不胜防。

⑬ 车三平二，车2进4

⑭ 炮一进二！车6平9

⑮ 车二进一，车9平8

⑯ 车二进八，红胜

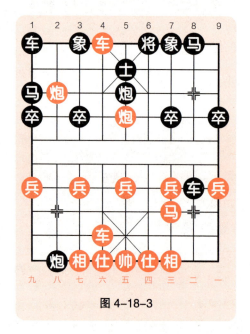

图 4-18-3

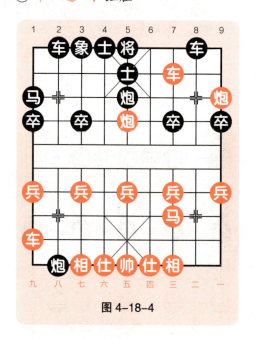

图 4-18-4

第二种应法：

⑩……　士4进5

⑪ 车九平六，车2进4

⑫ 车六进七，车2平5（图4-18-5）

⑬ 炮三平一！车8退2

红方弃炮打象，妙手惊天。双炮同时在黑方双车口中，但黑方却哪个也不敢吃，如车8平9，红方有车六平五大刀剜心杀。又如黑方车5退1，则红方炮一进二，车8退2；车三平五，仍可杀中士。

⑭ 车三退一，车5退1

⑮ 炮三平五，士5退4

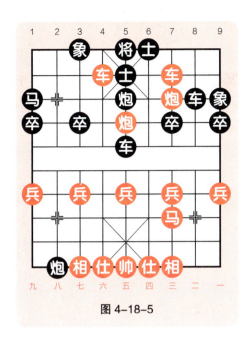

图 4-18-5

⑯ 炮五平八，车8进7

红方平炮左移，准备伺机退炮，组织第二轮的攻势。这种缩回拳头打人的战法，爱好者不可不察。

⑰ 炮八退六，车5平6

黑方不敢车吃马，红方有平中炮打死车的手段。

⑱ 车三进二，士4进5

⑲ 炮八平五，车6退2

⑳ 车三退二，车8平7

㉑ 车三平七，红胜

本局棋的着法最早见于明代版本棋谱《适情雅趣》，是一盘古老的棋局，其间着法精彩纷呈，引人入胜。读者应多多揣摩，可窥局中之妙。

三、横车对直车

① 炮二平五，炮8平5

② 马二进三，马8进7

③ 车一进一，车9平8

④ 车一平六，车8进4

升车巡河，被认为是目前应付横车占肋最稳正的着法，可以说久经考验，被棋手广泛运用。

⑤ 马八进七，马2进3

红方左马正起，加强对棋盘中心的控制，黑方出动大子，严阵以待，着法稳正；如急于反击而走车8平3，则红方兵七进一！车3进1；马七进六，卒7进1；相七进九，车3进1？

如图4-18-6，红方有巧手得子的手段：炮八进七！车1平2；马六进八，车3

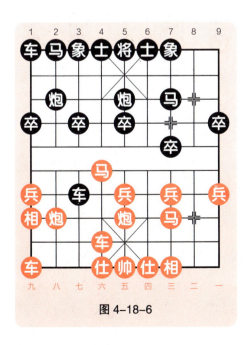

图 4-18-6

退2；马八进七，至此红方叫杀捉车胜定。

⑥ 车六进五，炮2进2　　⑦ 兵七进一，炮2平7

先进七兵较为含蓄，如急于车六平七，黑方有车1进2，以后炮2退3，便于打击红车。

⑧ 马七进八，卒3进1

如图4-18-7，先送3卒是局部好手，如黑方先炮7进3，红方炮八平三，卒3进1；车六平七，红方似有些便宜。

⑨ 兵七进一，炮7进3　　⑩ 炮八平三，车8平3

⑪ 车九进二，车1平2　　⑫ 车九平七，炮5进4

如图4-18-8，黑炮打中兵很重要，如先走车2进4，红方炮五退一！卒7进1；炮五平七，黑方3路线受攻，红方占优。

⑬ 仕四进五，车2进4　　⑭ 车七进三，车2平3

⑮ 马八退七，炮5退2

双方接近均势。

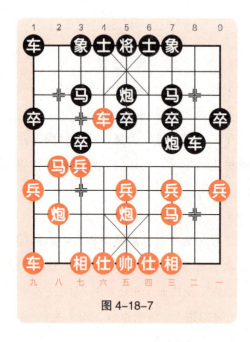

图 4-18-7

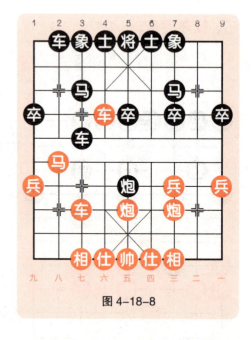

图 4-18-8

四、直车对横车

① 炮二平五，炮8平5　　② 马二进三，马8进7

③ 车一平二，车9进1

红方出直车是另一种攻防体系，与出横车合起来是顺炮的两大主流布局。黑方走横车寻找出路，着法正常。如车9平8兑"窝车"，红方车二进九，马7退8。红方多出两先手棋，大占优势。

④ 马八进七，车9平4　　⑤ 兵三进一，马2进3

⑥ 兵七进一，车1进1

至此形成顺炮著名的"两头蛇对双横车"变例。开盘时红黑双方五兵（卒）一字排开，宛如古战场上的一字长蛇阵。由于三七兵挺起，就像长蛇凸起两个头，故此称为"两头蛇"，该变化是顺炮布局体系中最复杂且最具观赏性的一种。

⑦ 相七进九，车4进5

红方飞边相，准备给九路车开路，是常见变化。另有仕六进五、马三进四、炮五平四、车二进五等变化。

⑧ 马三进四，车4平3　　⑨ 车九平七，卒3进1

⑩ 车二进五，卒5进1

红方进车为力量十足的一手，如顺应黑方意图而走兵七进一，车3退2；马七进六，车3进5；相九退七，炮5进4，黑方反先。黑方如卒3进1，则红方车二平七，红方主动。

⑪ 车二平五，车1平6

如黑方马3进5，则红方马四进五，炮5进2；炮五进三，红方满意。

⑫ 车五平七，车6进4

⑬ 车七进二，炮2进4

⑭ 车七进二

如图4-18-9，双方互缠，黑方走哪着为佳，值得研究。不过要想下出好的着法，就应大胆构思，突破常规，有一种着不惊人死不休的精神，这也是成为高手所必备的条件。

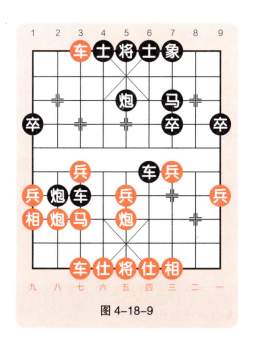

图4-18-9

⑭ ……　　马7进5！

黑方突然中路献马，石破天惊，先

不论成立与否，这种天马行空般的想象，值得借鉴。

⑮ 炮五进四，士6进5　　⑯ 仕六进五，车6进3

黑方进车卡住相腰，不让红方炮八平五垫炮，下手准备打中兵，对红方来说是个严峻的考验。

⑰ 车七退三，将5平6　　⑱ 车七平六，炮2平5

红方冷静的选择，守住肋门，给红帅留出逃生之路。

⑲ 马七进五，车3平5　　⑳ 帅五平六，炮5平4

㉑ 车六进一，士5进4

至此局面，双方各有顾忌，均能接受。

五、直车对横车（红方两头蛇对黑方双横车）

① 炮二平五，炮8平5　　② 马二进三，马8进7

③ 车一平二，车9进1　　④ 马八进七，车9平4

⑤ 兵三进一，马2进3　　⑥ 兵七进一，车1进1

⑦ 相七进九，车4进5　　⑧ 马三进四，车4平3

⑨ 车九平七，卒3进1　　⑩ 车二进五，卒5进1

⑪ 车二平五，车1平6　　⑫ 车五平七，车6进4

⑬ 车七进二，炮2进4

⑭ 车七进二，马7进5

⑮ 炮五进四，士6进5

⑯ 仕六进五，车6进3

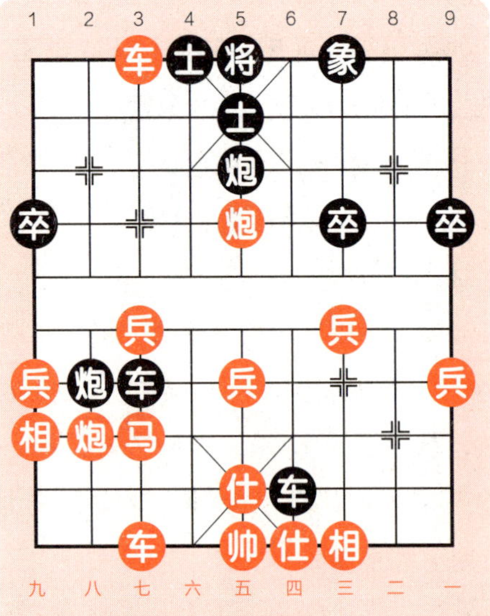

如图4-18-10，这个盘面在前面已经出现过，当时红方走车七退三，形成机会相当的局势。本局红方改弦易辙，从而取得了优势局面。

⑰ 车七退四，将5平6

红车多退一步，其出路更为广阔。

⑱ 仕五进四！炮2平5

红方支仕与上着退车骑河浑然一体，是这盘棋的精妙构思所在。

图4-18-10

⑲ 车七平四，炮5平6　　　　　　⑳ 车四进二！士5进6

红方妙着如珠，正是由于这一系列凶狠而准确的打击，从而使黑方弃马攻杀的想法有可能无法实现了。

㉑ 炮八进七，将6进1　　　　　　㉒ 炮五平四，将6平5

㉓ 炮四退五，红方胜势

六、直车对缓开车

① 炮二平五，炮8平5　　　　　　② 马二进三，马8进7

③ 车一平二，卒7进1

黑方不出车，而先挺7卒，保留车的机动性，这种下法称为"缓开车"。

④ 马八进七，马2进3　　　　　　⑤ 兵七进一，炮2进4

⑥ 马七进六，炮2平7　　　　　　⑦ 炮八平七，车1平2

如图4-18-11，黑方出车，对红方强渡兵的威胁置之不理，大局观了然。如黑方象3进1防守，红方车九平八先亮车，大占先手。

⑧ 马六进七，炮5平4

如红方兵七进一，黑方有车2进5的强烈反击。以下红方如兵七进一，黑方车2平4；兵七进一，车4平3；兵七平六，车3进2；兵六平五，象7进5。由于黑方7路马大大优于红方三路马，故此黑方反先。黑方进骑河车后，红方又如马六进七，黑方车2平3。再如红方马六进八，黑方可马3退1，黑方均具反先之势。

⑨ 兵七进一，车2进6　　　　　　⑩ 炮七进二，炮4进5

如图4-18-12，黑方进炮士角打马，同时避开红方兵七平六的威胁，是本局棋黑方反击的精华所在。

⑪ 马三退五，车9进1　　　　　　⑫ 车九进二，车9平4

⑬ 兵七平六？车4进3！

红方平兵看似可得子，其实一无所获，反落下风，不如车二进四，炮4退1；兵七平六，炮4平3；车二进二，对杀当中机会相当。黑方照单全收，有惊无险。

⑭ 炮七进三，车2退3　　　　　　⑮ 车九平七，车4退1

至此黑方利用先弃后取，巧妙追回一子，取得了十分满意的形势。

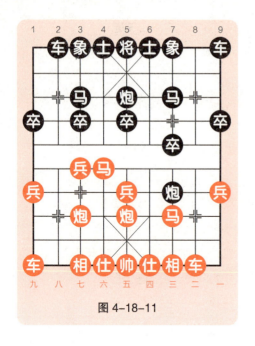

图 4-18-11

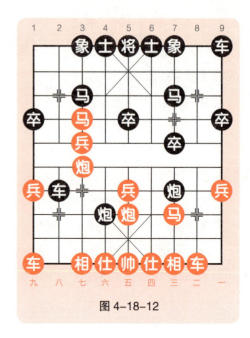

图 4-18-12

七、缓开车对直车

① 炮二平五，炮8平5 ② 马二进三，马8进7

③ 兵三进一，车9平8

红方暂不出车，而先挺起马前兵，黑方顺其自然出直车，双方形成又一新的布局形式。

④ 马八进七，马2进3 ⑤ 兵七进一，车1进1

这种阵势的特点是红方双马活跃，黑方双车灵活。黑方如能利用车而活马，则可取得满意的形势。红方则是处理好车的出路，当可保持先手。此着黑方如车8进4，则红车一平二，黑方无法实现兑卒意图，红方占先。

⑥ 车九进一，车1平4 ⑦ 车一进一，车4进5

红方双车联手，准备对付黑方进犯之车，可谓物尽其用。如对黑方车4进5过于恐惧，而提前炮五平四防范，则黑方车4进5，红方相三进五，卒5进1，黑方反客为主，红方布局失败。黑方亦可走车8进4，红方车一平六，黑方车8平4。

如图4-18-13，黑方双车集于一线，与红方争抢肋道，已期达到兑卒活马的目的。面对这一需立刻表态的局面，红方又该如何处理呢？帅五进一！御驾亲征，红方以这样特殊的手段捍卫了自己的优势，以下黑方车4进4；车九平六，

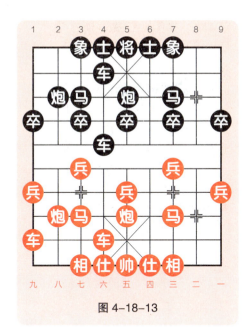

图 4-18-13

车4进7；帅五平六，红方大占先手。

⑧ 车一平六，车4平3
⑨ 车九平七，车3退1

一般来说这样平车保马可称"愚形"，原因在于自己的车马均无法动弹，是十分不利的。但此局红方"霸王车"相联，有迅速摆脱对方牵制的手段，是可行的选择。

⑩ 马七退五，车3进3
⑪ 车六平七，炮5平6
⑫ 车七进五，象3进5
⑬ 炮八平七，红优

小练习

第1题：如图，红先，请写出双方的后续着法。

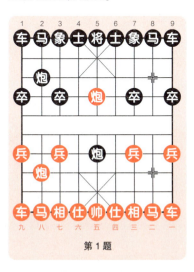

第1题

第2题：如图，红先，请写出红方得子的着法。

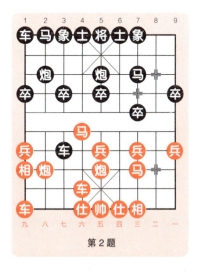

第2题

第3题：如图，红先，红方该如何进攻？

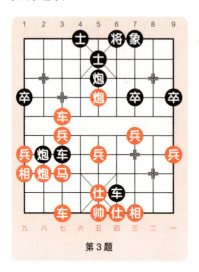

第3题

第4题：如图，红先，请在空白处填写出形成此布局的着法。

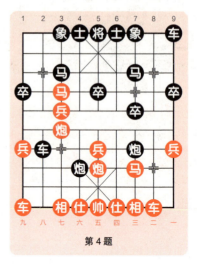

第4题

① 炮二平五　炮8平5
② 马二进三　马8进7
③ _____　_____
④ 马八进七　马2进3
⑤ 兵七进一　_____
⑥ 马七进六　炮2平7
⑦ _____　车1平2
⑧ 马六进七　炮5平4
⑨ _____　_____
⑩ 炮七进二　_____

第19课　中炮对屏风马

黑方开局阶段双马正跳守住中卒，其状宛如屏风，故称"屏风马"。这个布局的出现已有三百多年的历史了，史上又称"马炮争雄"。前面我们给大家介绍了顺手炮的一些变化，那么本课我们给大家讲中炮对屏风马的一些经典变化。其实无论哪种布局，都是千变万化，一言难尽的。在此我们挑选一部分具有代表性的棋局供大家学习和欣赏，希望能够达到画龙点睛的效果。

一、中炮进七兵对屏风马进7卒（五九炮击中卒）

① 炮二平五，马8进7　　② 马二进三，车9平8

③ 车一平二，马2进3　　④ 兵七进一，卒7进1

屏风马布局当中，黑方一般要保证至少一匹马的马前卒是挺起的，所以黑方现在进卒是恰当的。如黑方象3进5，红方兵三进一后，黑方双马呆滞，局势不利。

⑤ 车二进六，炮8平9　　⑥ 车二平三，炮9退1

红方右车急进，压制黑方子力。黑方平炮兑车，摆脱牵制。双方弈来针锋相对，均为正着。

⑦ 马八进七，士4进5　　⑧ 炮八平九，炮9平7

⑨ 车三平四，马7进8　　⑩ 车九平八，车1平2

⑪ 炮五进四，马3进5　　⑫ 车四平五，卒7进1

黑方强硬的突破，红方也必须接受。这种霸王硬上弓式的攻杀，读者朋友们要多多体会，有助于提高您的中局攻杀能力。

⑬ 兵三进一，马8进6　　⑭ 马三进四，炮7进8

⑮ 仕四进五，炮7平9　　⑯ 车八进四

如图4-19-1，面对黑方凶狠的进攻，红方稳扎稳打，使左车生根，阻黑方右炮进击，并伏有炮九平八的手段。

⑯ ……　车8进9　　⑰ 仕五退四，象3进5

如黑方车8退2，红方仕四进五，车8平3；车五平二，红优。

⑱ 炮九平八，车2平4　　⑲ 车八进三，车4进8

如图4-19-2，面对黑方下一手车4平6绝杀，红必须找出应对之法。这种双方对攻的棋，对计算的要求是较高的，棋错一着胜负就会易手。

⑳ 车八平九！士5进6

红方开边车攻守兼备，有此一着，黑方难下了。黑方如仍走车4平6，则红方车九进二，士5退4；炮八进七，士4进5；炮八平四，红方得车胜。又如黑方将5平4，则红方车九进二，将4进1；车五平七！车8退6；仕四进五，车8平3；马七进八，车3平8；炮八平六，对杀之中，仍是红方有利。

㉑ 车九进二，将5进1　　㉒ 车五平三，将5平4

㉓ 车三进二，士6进5　　㉔ 车九退一，将4退1

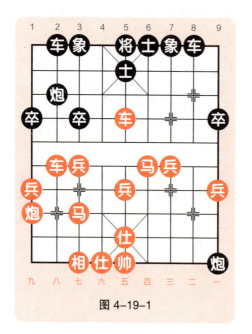

图4-19-1

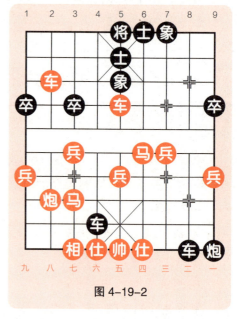

图4-19-2

如图4-19-3，红方双车似被分隔两翼，难以出棋。而面对岌岌可危的后防线，红方又难以守住。面临这样的局面，红方应首先考虑弃子攻杀，抢杀在前，

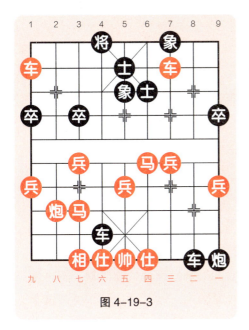

图4-19-3

如攻击速度不够,还要再看能否守住。如确实守不住,还要硬着头皮杀上去。在类似盘面下,采取这种攻—守—攻的策略是明智的。

㉕ 马四进五! 车8退8

临空入马,对黑方的强大攻势视若无睹。红方弈来自信满满,从容镇定,由此开通了红方的取胜之路。黑方另有两种下法,亦难挽败局,如车8退6;仕四进五,车8平5;车九进一,将4进1;马七进八,车5平8;帅五平四,车4退3;车九平七,车4平6;炮八平四,红方大优。又如黑方将4平5;车九进一,士5退4;炮八进七,士4进5;炮八平三,士5退4;炮三平六!车4退8;车九平六,将5平4;马五进七,将4平5;车三平九,将5平6;后马进六,红方胜势。

㉖ 仕四进五, 车8平7   ㉗ 车九进一, 将4进1

㉘ 马七进六, 红方胜势

二、中炮进七兵对屏风马进7卒(红方急进中兵)

① 炮二平五, 马8进7   ② 马二进三, 车9平8

③ 车一平二, 马2进3   ④ 兵七进一, 卒7进1

⑤ 车二进六, 炮8平9   ⑥ 车二平三, 炮9退1

⑦ 兵五进一, 士4进5

红方冲中兵是一种激烈的下法,将形成双方复杂的对攻盘面。

⑧ 兵五进一, 炮9平7   ⑨ 车三平四, 卒7进1

如图4-19-4,黑方为何不吃中兵,反而弃掉己方的7卒呢?其实在对弈过程中,像这样不吃反送的情况还是很多的。象棋的取胜之道,不仅是靠子力的多少,更重要的是形势的好坏,也就是"势大于子"。黑方如卒5进1,红方马三进五,红方可保持先手进攻的态势,黑方则陷于守势。一手弃卒,黑方亦反击红方三路线,形成对攻局面,从战略上看无疑是积极的。

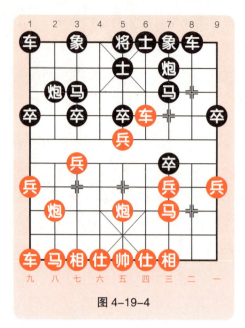

图 4-19-4

⑩ 马三进五，卒7进1

如上所述，红方也加快进军速度，如改走兵三进一，象3进5，红方就不能再马三进五了，否则黑方马7进8；车四平三，马8退9；车三平四，炮7进8，黑方得相，攻势占优。

⑪ 马五进六，车8进8

黑方置3路马于不顾，伸车下二路，这是黑方这一布局的精华所在。

⑫ 马六进七，车8平2

值此形势发展的关键时刻，黑方选择得回失子并非上策，可以说犯了"得子失先"的错误，应走卒7平6；炮五进四，象3进5；相七进五，马7进5；马七退五，车8平2；马八进六，车1平4。双方接近均势。

⑬ 兵五进一，车2退1

红方直冲中兵雄劲有力，中路进攻，黑方已很难阻挡。

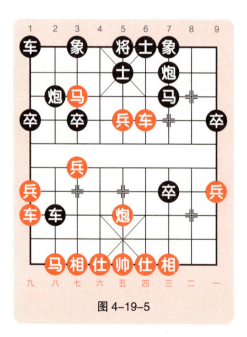

图 4-19-5

⑭ 车九进二

如图 4-19-5，红方高车兑车精妙绝伦，黑方吃与不吃均不好下。

⑭ …… 车2进2

可以说黑方是硬着头皮吃红马。如黑方改走车2平1，则红方马八进九后也是明显占优。

⑮ 车九平六，象3进5

红方连弃马炮，左车得以顺利占领左肋，中路攻势如虎添翼。此后红方杀势已成，其势如水银泻地，无孔不入。

⑯ 车四进二，炮7平9

⑰ 马七进五！炮9平5

⑱ 兵五进一，炮5进6　　　　　　⑲ 车六平五，炮2退1
⑳ 车五平四，将5平4　　　　　　㉑ 前车进一，马7退6
㉒ 兵五进一！红方胜势

三、中炮进三兵对屏风马进3卒

① 炮二平五，马8进7　　　　　　② 马二进三，车9平8
③ 车一平二，马2进3　　　　　　④ 兵三进一，卒3进1

红方进三兵，黑方相应挺起3卒，这是中炮对屏风马的另一种布局阵式，与进七兵相比，不如其激烈，但更稳健、细腻，是近些年全国大赛主流布局之一。

⑤ 马八进九，卒1进1

由于黑方已挺起3卒，故红马屯边，黑方继续以卒制马，正常之着。

⑥ 炮八平七，马3进2

黑方跳外马封车，针对性强，是布置阵形中的好点。如黑方车1平2，则红方车九平八，炮2进4；车二进六，红方七路炮对黑3线压力很大，黑方又难于调整，红方明显占优。

⑦ 车九进一，卒1进1　　　　　　⑧ 兵九进一，车1进5
⑨ 车二进四，象7进5　　　　　　⑩ 车九平四，士6进5
　　　　　　　　　　　　　　　⑪ 车四进五，马2进1
　　　　　　　　　　　　　　　⑫ 炮七退一，炮2进5

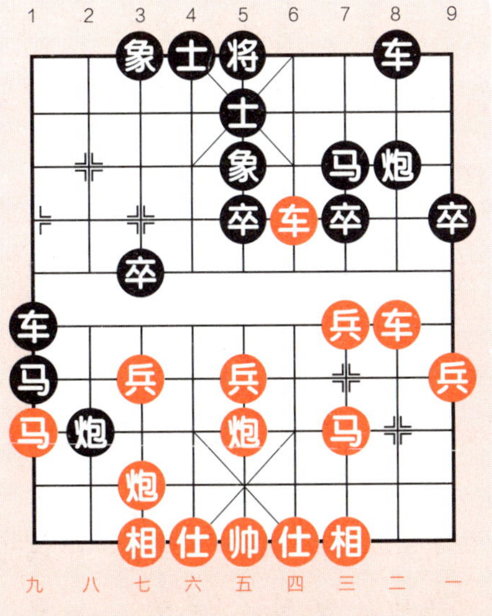

如图4-19-6，面对红方肋车压境，黑方在己方右翼连续采取动作，先进马踩炮，后又进炮打马，已期减轻自己左翼的压力，这种围魏救赵的战法是颇为高明的。那么红方右马又如何处置？如马三进四，炮2退4；车四进二，炮8进2；车四平三？车8进2，黑方守中带攻，成反先之势。

⑬ 车四退二，卒3进1

红方为以退为进的好棋，斩断了黑方的反击计划。

图4-19-6

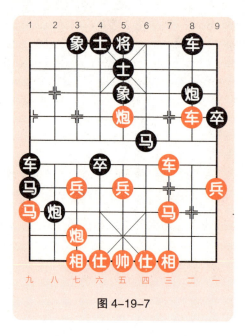

图 4-19-7

⑭ 炮五退一，卒3平4

⑮ 车二进一，卒7进1？

红方刁钻的一手，准备右车左移，攻击黑方右侧子力。黑方见着拆着的"眼光着"，不如车1平2，则红方车二平九，炮8平9（弃子）；车九退二，车8进7，黑方弃子抢先，尚可一战。

⑯ 车二进一，卒7进1

红方轻灵一闪，黑方7路线立见沉重。

⑰ 车四平三，马7进6

⑱ 炮五进五

如图4-19-7，红方炮打中卒，有力的一着。

⑲ 车二进一，红方得子占优

⑱ …… 炮2平3

四、中炮五七炮对屏风马

① 炮二平五，马8进7　② 马二进三，车9平8

③ 车一平二，马2进3　④ 马八进九，卒7进1

红马跳到边路，采取两侧均匀出子的下法，也是流行的走法。

⑤ 炮八平七，车1平2　⑥ 车九平八，炮8进4

⑦ 车八进六，炮2平1

如黑方象3进5，则红方兵七进一，士4进5；兵七进一，炮2平1；车八平七，马3退4；仕四进五，红方在七路线的进攻获得成功，以后有马九进七的手段，俗称"七步安雷"，红先。

⑧ 车八平七，车2进2　⑨ 兵五进一，士4进5

红方进中兵是近几年的新兴下法，过去多走车七退二，双方另有攻守。

⑩ 兵五进一，卒5进1

如图4-19-8，红方弃去中兵后，似乎没有明显的好棋可下，其实从冲中兵开始，红方的主攻点就选在中路了，能不能走上"驾马炮"是红方的关键。

⑪ 兵三进一！卒7进1

送兵之后，红马可顺利跃中，并且马腿灵活，攻势得以展开。这种弃双兵活马的手段，不可不察。

⑫ 马三进五，炮8平3　　⑬ 炮五进三，象3进5

⑭ 炮七平二

如图4-19-9，红方平炮连消带打，占据主动。

⑭ ……　车8进4　　⑮ 马五进三，炮3平7

⑯ 相三进五，马3进5

所谓优势不闹事，红方占优时或胶着状态下，静补一手，达到以静制动的目的，可谓是对弈过程中上乘的战术。

⑰ 车二平三，炮7平5　　⑱ 仕四进五，车2平4

⑲ 马九进七，卒1进1　　⑳ 马七进八，炮1退1

㉑ 炮二平三，车4进4　　㉒ 炮三进五，马5退7

㉓ 车七进三，车4退6　　㉔ 车七退一，炮1进2

㉕ 马三进四，车8退3　　㉖ 马八进七，炮1平5

㉗ 马七退五，车4进3　　㉘ 车七退五，红方得子占优

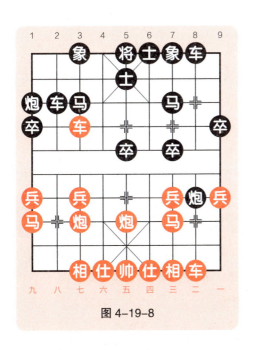

图 4-19-8

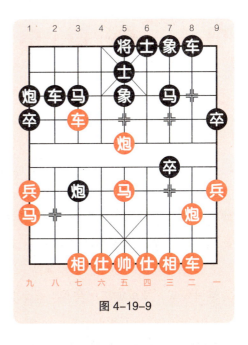

图 4-19-9

五、中炮横车七路马对屏风马

① 炮二平五，马8进7　　② 马二进三，车9平8
③ 兵七进一，卒7进1　　④ 马八进七，马2进3
⑤ 车一进一，象3进5

红方出横车，形成另一种布局格式，红方的攻防体系与直车相比发生了根本变化。

⑥ 车一平四，炮8进2

黑方左炮巡河，准备兑卒活马，是常见的走法，亦可士4进5或炮8平9。

⑦ 马七进六，卒3进1　　⑧ 炮八平七

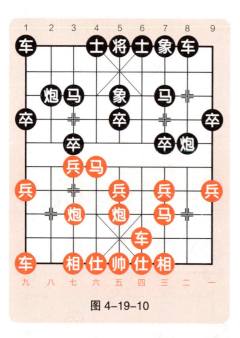

图 4-19-10

如图4-19-10，红方平炮较有针对性，这种河沿两兵（卒）相对的棋，双方一般都不易率先兑兵，以防止达到对方的目的，如红方兵七进一，黑方炮8平3，左炮顺利右移，黑阵稳固而富于弹性，黑方满意。

⑧ ……　马3进4

黑方也是正确的选择，如卒3进1，红方炮七进五，卒3平4；车九平八，红方主动。

⑨ 兵七进一，象5进3
⑩ 车九平八，炮2平4
⑪ 兵三进一！

如图4-19-11，面对黑方肋炮打马，红方不保马，反而再弃掉三兵，乍一看使人一头雾水，其实是红方弃子争先的好棋。红方盘河马如何处理是当前红方发展的关键，显然马本身进退都无出路，又如车八进四保马，黑方象3退5；车八平七，车1平2，仍然是黑方满意。非常之时走非常之棋，既然平稳状态下，红方难讨便宜，那莫如将局势搞乱，以期浑水摸鱼。

⑪ ……　卒7进1　　⑫ 马六进四，象3退5
⑬ 车八进七，士4进5　　⑭ 车八平六，马7进6

黑方为正确的下法，如改走士5进4，红方马四进三得子。

⑮ 车六进一，马4进5　　⑯ 马三进五，马6进5

⑰ 车六退五，炮8平7

如图4-19-12，黑方弃马平炮打相，兼亮出左车，是对局中常见的弃子好棋。

⑱ 相三进一，车1平3

红方明显不能丢相吃子，否则黑炮打相后，红方难以抵挡黑方的攻势。黑马早在红车口中，而黑方却置之不理，分别采用弃子和对捉的高明手段。所以在子被捉时，简单的逃跑只是最后没办法时的选择，被捉方可以寻求更为积极的走法，与对方互争先手。

⑲ 车六平五，车3进7　　⑳ 车四进四，车8进3

㉑ 炮五进四，炮7平8　　㉒ 车四平八，炮8平3

㉓ 相一进三，炮3退4，和势

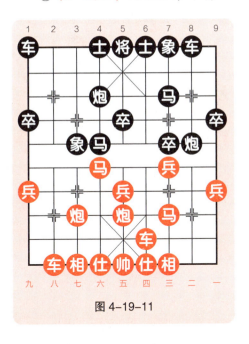

图 4-19-11

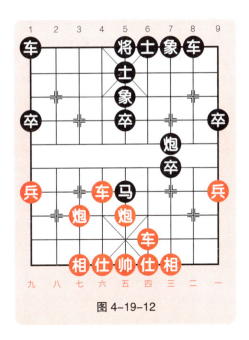

图 4-19-12

六、中炮三兵飞炮过河对屏风马三步虎

① 炮二平五，马8进7　　② 兵三进一，车9平8

③ 马二进三，炮8平9　　④ 马八进七，卒3进1

⑤ 炮八进四，马2进3　　⑥ 炮八平七，车1平2

⑦ 车九平八，象3进5

黑方补象是必要的一着，如改走炮2进4，红方炮七进三，士4进5；炮七退四，红方得象较优。

⑧ **车八进六**，车8进8

这是近几年的改进走法，过去多走炮2平1；车八进三，马3退2；车一进一……

如图4-19-13，红方横车，选点准确。黑方右翼马炮较显被动，红方先手，扩大优势，炮1平3；车一平八，马2进4；车八进五，卒1进1；马七退五。

如图4-19-14，红方回马窝心，又是一步好棋：一为炮五平九让路，二为左马本不活，退马之后，可从右路迂回而出，红方稳中带先，优势扩大。

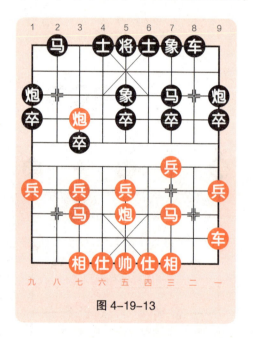

图 4-19-13

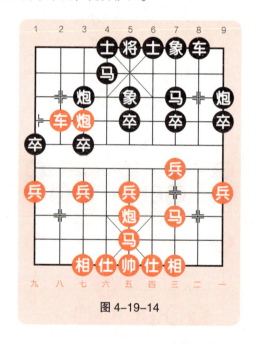

图 4-19-14

⑨ **车一进二**，炮2平1

红方如车一进一，车8平9；马三退一，炮2平1；车八进三，马3退2；红方现在就没有车一进一的攻击手段了，双方平稳。

⑩ **车八进三**，马3退2　　⑪ **炮七平三**，马2进3

⑫ **车一平二**，车8平3

红方拐弯兑车，与前面高两步车相吻合，保留自己三路马的位置，黑方避兑正常，如车8退1，红方炮五平二，残棋红方多一兵，稍优。

⑬ **马三退五**，车3平4　　⑭ **炮五平四**，马3进4

⑮ 兵三进一，炮1平3　　⑯ 炮四进六，马7退9

黑方在红方左翼极尽骚扰之能事，使红方被迫调整。红方炮塞象眼，亦想抢先发难，但此手又不敢车二进六吃死马，否则黑方可卒3进1，红方顾忌很大。

⑰ 兵三平四，炮9进4

至此双方混战，黑方较为满意。

七、中炮巡河炮对屏风马

① 炮二平五，马8进7　　② 马二进三，车9平8

③ 兵七进一，卒7进1　　④ 马八进七，马2进3

⑤ 炮八进二，象7进5

红方升炮巡河，稳步进取，是又一种攻法。

⑥ 车一平二，车1进1　　⑦ 车九进一，车1平4

⑧ 马七进六，炮8进4　　⑨ 车二进一

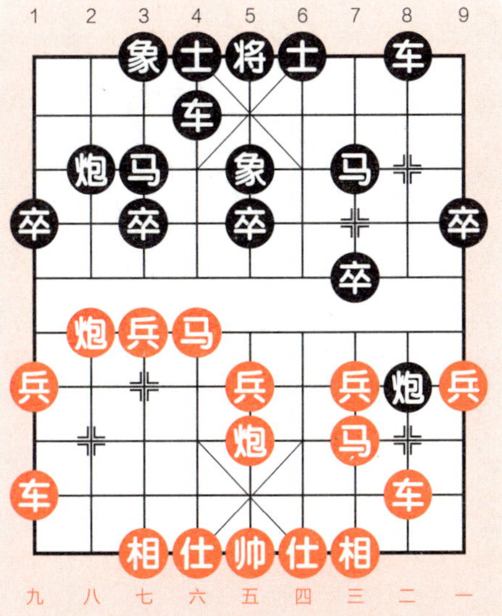

如图4-19-15，红方右车遭黑炮封压，高一步后，与左车相连，成"杠子车"之势，消除了黑方炮8平5的威胁，可谓攻守两利。这种由短变长，由暗变明式的走法，在弈战中颇为多见，读者应多留意如此大局观甚强的构思。

⑨ ……　卒3进1

⑩ 炮五平六，车4平6

⑪ 兵七进一，车6进6

如图4-19-16，面对红方冲兵过河，黑方不是逆来顺受式的简单用象飞兵，而是以牙还牙，进车捉马，挑起无限波澜。俗话说，人争一口气，佛争一炷香，退缩和忍让，出路往往是很小的，黑方如象5进3，红方炮八平七，黑方十分被动。

⑫ 相七进五，炮8平5　　⑬ 车二平五

如图4-19-17，红车入花心，是非常之时的非常之着，有此一手，红方不惧黑方炮打中兵的威胁，仍保先行之利。

图4-19-15

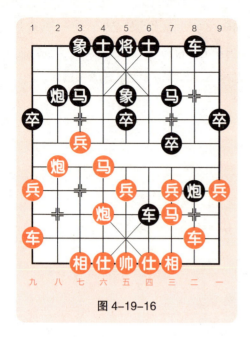

图 4-19-16

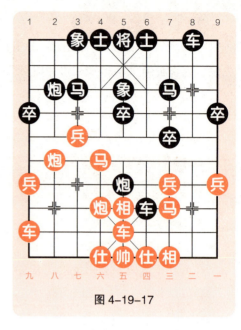

图 4-19-17

⑬ …… 车6平7

⑭ 炮六平三，象5进3

⑮ 车九平七，象3进5

⑯ 车七进二，炮5进2

⑰ 仕六进五

至此，红方稍先，黑方亦可战。

小练习

第1题：请写出中炮过河车五九炮对屏风马平炮兑车前十回合的布局着法。

_____ _____
_____ _____
_____ _____
_____ _____
_____ _____
_____ _____
_____ _____
_____ _____

第2题：如图由中炮急进中兵对屏风马平炮兑车演变而来，黑先，黑方如何走可以占优？

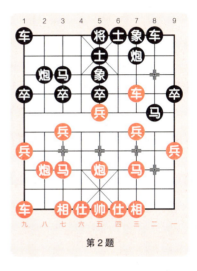

第2题

第3题：如图由中炮进三兵对屏风马进3卒布局演变而来，红先，红方如何走可以占优？

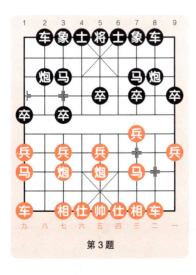

第3题

第4题：如图，红先，红方如何走可以占优？

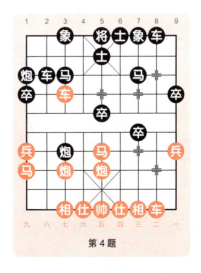

第4题

第20课　中炮对反宫马

反宫马也是一种历史悠久的布局套路，也称"夹炮屏风"，比较而言，笔者认为它不如顺手炮激烈，也不如屏风马稳正，但它形散而神不散，以独特的防御体系对抗中炮。在第20课当中，让我们来看看它的一些攻防变化。

一、中炮双正马对反宫马进炮串打

① 炮二平五，马2进3　　② 马二进三，炮8平6
③ 车一平二，马8进7　　④ 马八进七，炮6进5

红方左马能否正起，顺利出击，是反宫马布局是否成立基础所在，黑方进炮士角串打，为必然之着，刻不容缓。

⑤ 炮五进四

如图4-20-1，红炮击中卒，弃子抢攻，亦是必走之手，否则红方失子不利。

⑤ ……　　炮6平2

黑方接受弃子，为可行之步。如改走马3进5，红方炮八平四，炮2平5；车九平八！马5进6；仕四进五，马6进7；车二进二，红方先弃后取，多中兵略优。

⑥ 炮五退二，车1平2

黑方先出车冷静，如再吃一子走炮2平7，红方车九平八，车1平2；车八进

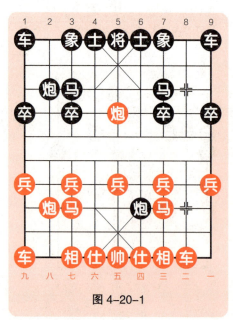

图4-20-1

六，红方存有多种攻势，黑方颇有顾虑。

⑦ 相三进五，后炮平1　　　⑧ 兵七进一，车9平8

⑨ 车二进九，马7退8　　　⑩ 马七进六？炮2退2，黑优

二、中炮进三兵对反宫马进3卒

① 炮二平五，马2进3　　　② 马二进三，炮8平6

③ 车一平二，马8进7　　　④ 兵三进一，卒3进1

⑤ 马八进九，象7进5　　　⑥ 炮八平七，车1平2

⑦ 车九平八，炮2进4

黑方进炮封车应走之步，如士6进5，红方车八进四，红方优势见长。

⑧ 兵七进一

如图4-20-2，红方不甘平庸，主动双弃兵挑起战火，灼热的厮杀给予双方无穷的想象力，象棋的魅力由此可见一斑。

⑧ ……　卒3进1　　　　　⑨ 兵三进一，卒7进1

⑩ 车二进四，卒3平2

红方以弃双兵的巨大代价，换取的就是这步伸车巡河。黑方平卒机警，如改走车9平8，红方车二平七，马3进4？炮五进四，士4进5；车八进三！红方胜势。

⑪ 兵九进一，炮6进4　　　⑫ 车二平八，车2进5

⑬ 马九进八，炮6平7　　　⑭ 马八进七

如图4-20-3，红方不到楼兰誓不还，弃相对攻，把战斗又一次推向了高潮，如求稳走相三进一，马3进2；兵五进一，炮2平6；马八进六，马2进4；马六进八，车9进1；炮七平六，马4退3，黑方满意。

⑭ ……　炮7进3　　　　　⑮ 仕四进五，炮2平3

⑯ 马七进五，炮3进3　　　⑰ 车八平七，象3进5

⑱ 炮七平九，对攻中红方较优

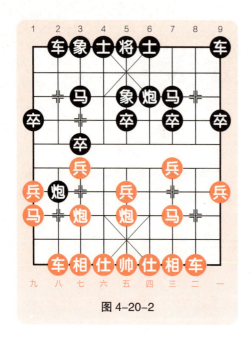

图 4-20-2

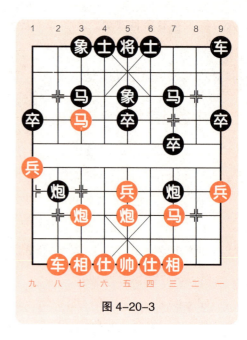

图 4-20-3

三、中炮进七兵对反宫马

① 炮二平五，马2进3
③ 车一平二，马8进7

② 马二进三，炮8平6
④ 兵七进一，卒7进1
⑤ 炮八进四，象3进5

红方进炮打中卒寻求变化，如马八进七，黑方仍有炮6进5；炮五进四，马3进5；炮八平四，炮2平5；车九平八，车1进1，黑方形势不弱。

⑥ 马八进七，士4进5
⑦ 炮八平五，炮6进5

黑方可走马3进5，红方炮五进四，变化相对简单。

⑧ 马七进六，车1平4
⑨ 炮五平九

如图4-20-4，红方即将失子，平炮打边卒，实施长距离弃子，可谓胸有成竹，

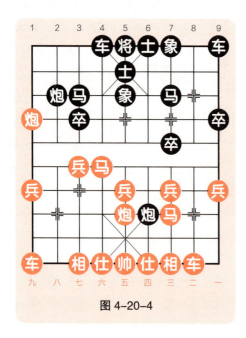

图 4-20-4

此等中高级的战术手段在本书中并不少见,望读者朋友们多多揣摩,以解其意。

⑨…… 车4进5　　　⑩车九平八,炮2进5

⑪炮九进三,车4进1　　⑫仕四进五,车4平1

⑬仕五进四,炮2平6　　⑭车八进九,士5退4

⑮车八平七,马3退5　　⑯车七平八,马5进3

⑰车八平七,马3退5　　⑱车七平八,马5进3

⑲车八平七,士6进5

如果双方不变则形成棋规,按现行规则双方不变作和。

⑳车七退二,车1退6　　㉑车七退一,炮6退7

㉒车二进八,红优

四、中炮五六炮对反宫马

①炮二平五,马2进3　　②马二进三,炮8平6

③车一平二,马8进7　　④炮八平六,车1平2

⑤马八进七,炮2平1　　⑥兵七进一,卒7进1

在五六炮的配置中,红方六路炮旁的马前兵是要挺起的,以利于今后跃马协同作战。如红方兵三进一,则黑方卒3进1,以下黑方有车2进6的手段,红方整体阵形不舒展,黑方较好。

⑦马七进六,士6进5

⑧车九进二

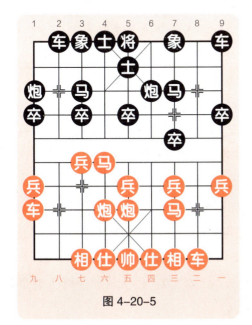

图4-20-5

如图4-20-5,红方高两步车是五六炮布阵中的独特思路,使将来有机会走车九平八兑车,达到转换阵形的作用。

⑧…… 车9平8

来而不往非礼也,既然红方左车拐弯而出,黑方索性左车兑窝车,以达到己车明而敌车暗的作用。

⑨车二进九,马7退8

⑩炮六平七,象7进5

⑪车九平八,车2进7

⑫ 炮五平八，炮1进4

红方亦按照原来的计划行棋，至此双方兑掉双车，进行无车棋的较量。由于红方六路马高踞河口，具有很强的控制作用，所以红方仍持先手。

⑬ 炮七进四，马8进7
⑭ 相三进五，卒1进1
⑮ 炮八进五，卒1进1
⑯ 兵七进一，炮1平7
⑰ 兵七平六

如图4-20-6，红方平兵老练，如走炮七平六，下一手兵七进一，红方似乎更有威力，但黑方有马3进4的妙手！以下炮八平四，马4进6，黑方先弃后取，弱马活出占先。

⑰ …… 卒9进1
⑱ 兵六进一，马7进8
⑲ 兵五进一，卒1平2

互缠之中红方较优。

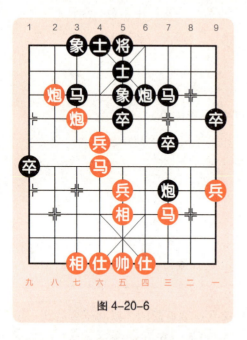

图 4-20-6

五、中炮对反宫马弃空头

① 炮二平五，马2进3
② 马二进三，炮8平6
③ 车一平二，马8进7
④ 兵七进一，炮2平1

黑方平边炮，准备抢先亮车，比卒7进1的常规下法似乎更为积极一些。

⑤ 炮八进四，车1平2

如图4-20-7，黑方出车捉炮勇弃空头（弃去将前的卒），可谓以暴制暴，如示弱而走炮6平5，红方马八进七，车1平2；车九平八，士4进5；兵三进一，红方明显优势。

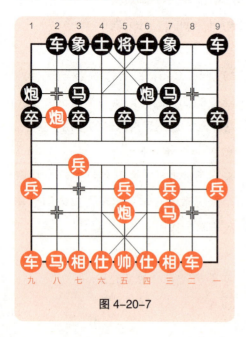

图 4-20-7

⑥ 炮八平五，马3进5　　⑦ 炮五进四，车2进8

⑧ 车二进五，炮6进2

如炮五退二，车9平8，红方难有攻势。

⑨ 炮五退二，炮6平1　　⑩ 车二平五，马7进5

如图4-20-8，黑方中路献马妙不可言，这正是象棋艺术殿堂内闪闪发光之处。

⑪ 车五平八

如车五进一，士6进5，红方左车丢定。又如车五平九，马5进3！

如图4-20-9，黑方马入兵口，困死红车，与前一着中路献马相辅相成。借力打力，转守为攻，这也是反宫马布局的特点之一。

⑪ ……　　马5进7　　⑫ 车八退四，炮1进5

⑬ 相三进五，车9平8　　⑭ 炮五平六，炮1平5

⑮ 车八平七，车8进7　　⑯ 炮六退二，马7进8

⑰ 马八进七，炮5平9　　⑱ 车七平九，炮9进4

至此，红方如吃炮，黑方伏有车8平7的凶狠着法，黑方有攻势占优。

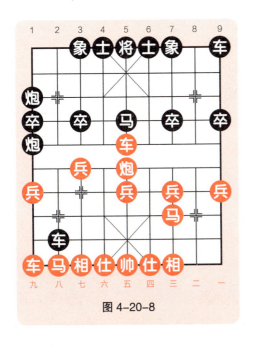

图4-20-8

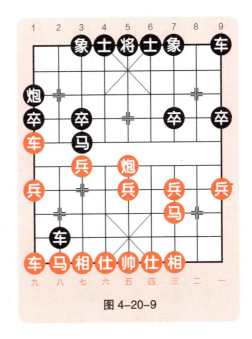

图4-20-9

六、中炮横车对反宫马

① 炮二平五，马2进3　　② 马二进三，炮8平6

③ 车一进一，马8进7　　　　④ 车一平四，车9平8

⑤ 马八进七，士4进5　　　　⑥ 兵五进一，炮6平5

红方横车夹马攻反宫马，是一种较古老的下法。黑炮还中为积极之着，如象3进5，红方马七进五后，中路进攻比较顺畅，红方持有先手。

⑦ 马七进五，炮2进4　　　　⑧ 兵五进一，炮2平5

红方冲兵过河为改进之着，过去多走兵七进一，炮2平7；相三进一，车1平2；炮八平七，车2进6，连续先手叫捉后，黑方反击得力。

⑨ 马三进五，车1平2　　　　⑩ 炮八退一

如图4-20-10，红方退炮思路连贯，意图乃从中路进攻。

⑩ ……　卒5进1

⑪ 马五进六，炮5进5

⑫ 马六进七，车2进2

红方先吃黑马好棋，使左路炮将来有出路。

⑬ 相七进五，车2平3

⑭ 炮八进八，士5退4

⑮ 车九平八，象7进5

⑯ 兵三进一，士6进5

⑰ 车四进五，红方主动

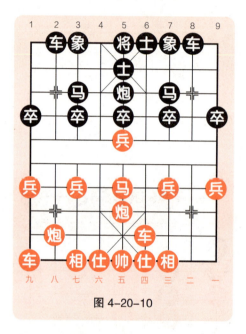

图4-20-10

七、中炮缓开车对反宫马

① 炮二平五，马2进3　　　　② 马二进三，炮8平6

③ 兵三进一，马8进7

红方抢挺三兵，制住黑方左马。在反宫马布阵中，黑方右马因守护中卒，其活动必将受到限制，而左马相对活跃，它与士角炮构成理想的子力配合，红方此手达到抑制对方阵形的作用。

④ 兵七进一，车9平8　　　　⑤ 车一平二

如图4-20-11，红方又是非常规盘面下的邀兑窝车，由图可知，红方双兵已

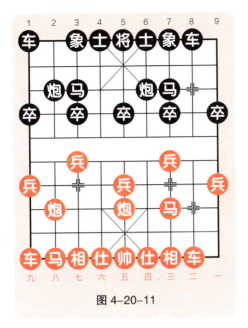

图 4-20-11

制住黑方双马，但车为晚车（晚出车），所以兑车也是自然的。如红方改走仕六进五，车8进4；车一平二，车8平4，黑车顺利升到巡河，以后可从容兑卒活马，红方双挺兵的优势就不易发挥了。

⑤……　车8进9

⑥ 马三退二，车1进1

黑方快提横车，仍然要利用车快的特点，借捉马之机，占领河头。

⑦ 炮八平七，车1平8

⑧ 马二进三，车8进3

⑨ 炮七进四，象3进5

⑩ 马八进七，卒7进1

⑫ 马三进四

⑪ 车九平八，炮2平1

如图 4-20-12，红方不轻易兑兵，让黑车占领有利地位，而是拍马而上，抢先发难。

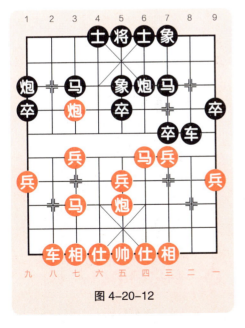

图 4-20-12

⑫……　卒7进1

⑬ 马四进五，马3退5

黑方为无奈之举，如改走马7进6，红方马五进七，炮6平3；车八进七，红方得子。又如马3进5，则红方炮五进四，黑方难应。

⑭ 车八进八，马7进6

⑮ 车八平六，马5进7

⑯ 炮五平三！卒7平6

红方平炮打马，击中黑方要害，黑方势危矣。

⑰ 炮七进三，士4进5

⑱ 炮三进七，象5退7

⑲ 马五进七，红胜

小练习

第1题：如图，红先，黑炮正在串打，红方该如何应对？

第2题：请试写出中炮对反宫马布局当中，著名的"双弃兵"变化着法。

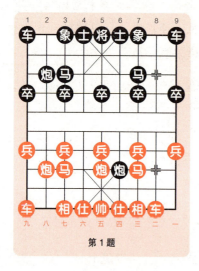

第1题

_____ _____

_____ _____

_____ _____

_____ _____

_____ _____

_____ _____

_____ _____

_____ _____

第3题：如图，黑先，黑方面对红方的将军，该如何走？

第4题：如图，红先，红方应如何抢先？

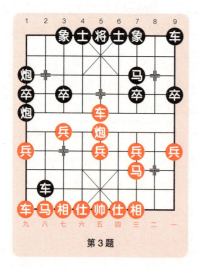

第3题

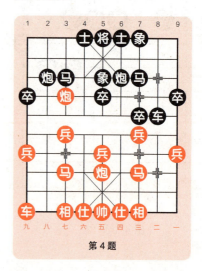

第4题

第21课　中炮对左炮封车

左炮封车又是一种全新的布局格式，此种下法黑方上手积极，锐意进取，红方如应付不好，极易陷入被动。但黑方本身阵形上也存在一定的缺陷，易为红方所乘，所以可谓利弊参半。

一、中炮进七兵对左炮封车转飞象

①炮二平五，马8进7　　②马二进三，车9平8
③车一平二，炮8进4　　④兵七进一，卒7进1

黑方于第三步进炮红方兵线，封锁红车，另有瞄住红方中兵之意。这步挺7卒为必抢之着，黑方极大限度控制了红方右翼车的出动步调。

⑤马八进七，象3进5　　⑥炮八进七，车1平2

一般来说，开局阶段炮打原位马是吃亏的，但是此时红方有出车牵住黑方无根车炮的战术后续，两相比较还是可行的。

⑦车九平八，炮2进4　　⑧马七进六，炮2进1

黑方另可走士6进5，马六进五（如兵七进一，车2进5！马六退八，炮8平5；仕四进五，车8进9；马三退二，炮5平9；兵三进一，卒7进1；车八进一，卒3进1；马八退六，车2进3；马六退八，马7进6；黑方弃子多卒，且子力位置好，形势乐观），马7进6；马五退四，炮8退1，双方互缠。

⑨马六进五，炮2平7　　⑩车八进九，炮8平5
⑪仕六进五，车8进9　　⑫马五进三，士6进5
⑬马三退四，炮5退2　　⑭车八退四，卒3进1

红方可马四退五，炮5进3；相七进五，炮7进1，和势。

⑮ 车八进一，车8平7

如图4-21-1，黑方平车吃相，算准对攻中黑方便宜，再一次诠释了"进攻是最好的防守"的理念。

⑯ 车八平五，车7平8

⑰ 帅五平六，炮5进4

黑方炮击中仕，连消带打。

⑱ 车五平六，车8平6

⑲ 帅六进一，炮7进1！

⑳ 帅六平五，车6退5

转化之后，局面趋于平稳，黑方多士象占优。

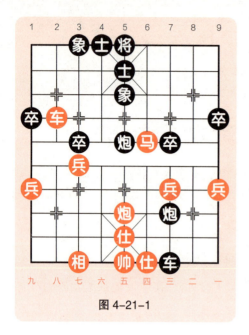

图 4-21-1

二、中炮进七兵对左炮封车转列炮

① 炮二平五，马8进7　② 马二进三，车9平8

③ 车一平二，炮8进4　④ 兵七进一，卒7进1

⑤ 马八进七，炮2平5

黑方以与红方反方向的炮立中，称为列手炮，它与顺手炮一起是对抗中炮的两大斗炮体系之一。

⑥ 仕四进五，马2进3

红方先补仕较为必要，防止黑方炮8平5的先手。

⑦ 车九平八，车1进1

也有车1平2；炮八进四，士4进5；马七进六，红方先手。

⑧ 马七进六，车1平8

黑方双联车颇有新意，如按常规走车1平4，则红方马六进七，车4进5；炮八进五，以后红方换炮后有车八进七的手段，占优。

⑨ 兵七进一

如图4-21-2，红方弃七兵，战斗的风格跃然于枰上，是机遇与风险并存的一步棋。在弈战中，似这等努力挑起战火，一决雌雄的下法，随处可见。随之而来的就是胜负的比例大大增加，若不如此，双方亦可和风细雨，太极推手，则局面较为平淡。但不论哪种方式，较多的机会还是趋向于实力更强者。

⑨ …… 卒3进1　　⑩ 炮八平七，马3退1

⑪ 车二进三

如图4-21-3，红方弃车砍炮，早有预谋，是前面弃兵的后续着法。以下双方均无退路了。

⑪ …… 车8进5　　⑫ 车八进八，炮5平3

⑬ 炮七进五，后车进1　　⑭ 炮七进一，马1进2

⑮ 车八退二，后车平3　　⑯ 炮五平七，车3平4

⑰ 炮七进七，将5进1　　⑱ 马六进五，马7进5

⑲ 车八平五，将5平6　　⑳ 兵五进一，车8平7

㉑ 马三退四

混战之中，红方稍好。

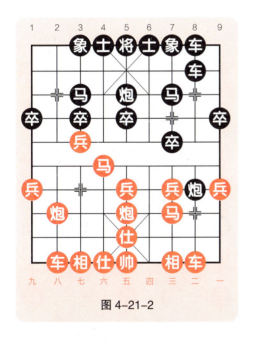

图 4-21-2

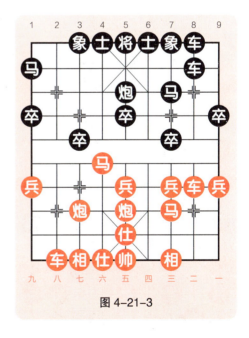

图 4-21-3

三、中炮进三兵对左炮封车转列炮（红方快马出击）

① 炮二平五，马8进7　　② 马二进三，车9平8

③ 车一平二，炮8进4　　④ 兵三进一，炮2平5

红方进三兵针对性更强,并随时有马三进四的先手,黑方还列炮势在必行,如改走它着,很难抵挡红方马三进四。

⑤ 马三进四,马2进3

红方跳马以后,伏有兵三进一渡兵捉炮的威胁。而黑方却置若罔闻,径自跳马,不予理睬。这葫芦里卖的什么药?让我们往下看。

⑥ 马四进六

如图4-21-4,红方如不进马而走兵三进一,黑方有车1平2对捉;车二进三,车8进6;马四退二,车2进7;兵三进一,马7退5;马八进九,炮5进4;仕四进五,车2退2,红方虽过一兵,但难以弥补整体子力出动慢的缺憾,黑优。

⑥ ……   车1平2   ⑦ 马八进七

红方正确,如先走炮八进四,则卒3进1;炮八平七,炮8平3。如图4-21-5,黑炮打兵,妙手反先,以下红方车二进九,炮3退3;炮五平七,炮3进4;车二平三,马3退5;车三退一,车2进8,黑方较好。

⑦ ……   车2进2   ⑧ 炮八进四,车8进4

⑨ 兵三进一,卒7进1

红方送兵延缓对方捉马,同时己方可先手亮车。黑方当然不可走车8平7,否则红方马六进五,象3进5;车九平八,卒3进1;车二进三,红方得子。

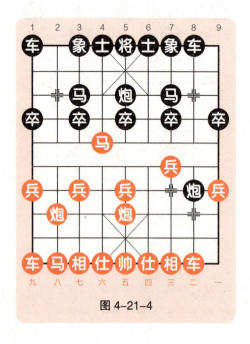

图 4-21-4

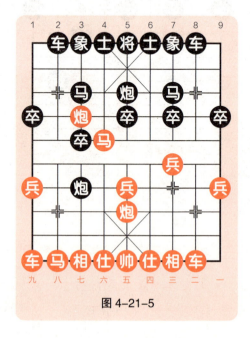

图 4-21-5

⑩ 车九平八，卒3进1　　⑪ 炮八平七，车2进7

⑫ 马七退八，马3退2　　⑬ 车二进一

双方对攻，红方机会稍多。

四、中炮进三兵对左炮封车转列炮（红方两头蛇）

① 炮二平五，马8进7　　② 马二进三，车9平8

③ 车一平二，炮8进4　　④ 兵三进一，炮2平5

⑤ 兵七进一，马2进3　　⑥ 马八进七，车1平2

⑦ 车九平八，车2进4

红方以双挺兵迎战黑方，黑方迅速升车巡河准备兑卒，这个图形是本布局的主流变化。

⑧ 炮八平九，车2平8

红方平炮兑车是自然之着。黑方平车避兑，双车联手，准备借封车之炮进行反击。

⑨ 车八进六，炮8平7　　⑩ 车二进五！？炮7进3

红方此着为极富冒险性的走法。自此双方大打出手，形成混战，如欲求稳可车二平一，下法凶些可车八平七，似乎都比此着容易控制。

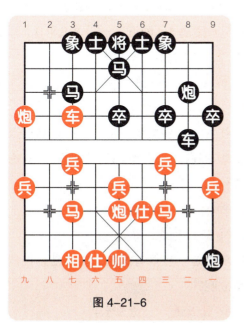

图4-21-6

⑪ 仕四进五，车8进4

⑫ 车八平七，炮7平9

⑬ 仕五进四，马7退5

红方如车七进一，车8进5；马三退四，车8平7，黑方有攻势。

⑭ 炮九进四，炮5平8

如图4-21-6，黑方平炮侧击，着法灵活，如改走马3进1吃炮，红方可炮五进四！马1退2；车七平八，马2进4；车八平六，黑方虽多子，但窝心马受制，红方优势。

⑮ 炮九平五，马3进5

⑯ 炮五进四，马5进6！

马跳此地，恰到好处，不给红方炮五退二抢先发难的机会。

⑰ 相七进五，车8进5

如红方走车七进一，黑方可炮8进1；车八平五？马6退5！黑方得子。

⑱ 帅五进一，车8退1　　⑲ 帅五退一，炮8进5
⑳ 车七进一，车7平3　　㉑ 车七平五，马6退5
㉒ 车五平二，马5进3　　㉓ 车二退五，马3进5
㉔ 车二平一，炮9平4　　㉕ 帅五平六，车3退1

红方残仕缺相难以弥补，黑优。

五、中炮进三兵对左炮封车转后补列炮

① 炮二平五，马8进7　　② 马二进三，车9平8
③ 车一平二，炮8进4　　④ 兵三进一，炮2平5
⑤ 马八进七，马2进3　　⑥ 车九平八，卒3进1
⑦ 马三进四，车1平2　　⑧ 炮八进四

如图4-21-7，红方进炮是正确的选择，如兵三进一贪图便宜，黑方有炮8进1的巧手。红方如兵三进一，黑方炮8平3，正好打马兑车得子。又如红方马四退三兑炮，黑方炮8平5；车二进九，马7退8；相七进五，卒7进1；黑方多7卒占优。再如红方马四进二，炮8平3；炮五平二？炮5进4；帅五进一，车8平9；马二进三，车2进5，黑方大优。

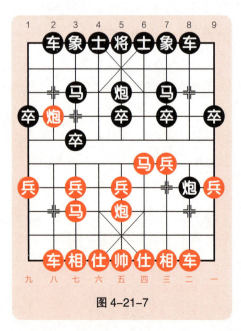

图4-21-7

⑧ …… 炮8进1
⑨ 炮五退一，炮8平5

红方退炮是求变的下法，如走马四退三，炮8退1；马三进四，炮8进1，双方不变作和。

⑩ 炮五平二，炮5平4
⑪ 仕六进五，车8进7

黑方是一步很有想象力的下法，但能否成立呢？

⑫ 仕五进六，炮5进4

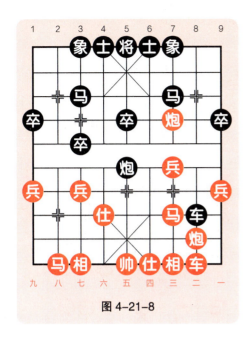

图 4-21-8

黑方通过弃炮从而换得空头炮和牵制红方无根车炮的便宜,这也是黑方弃子前所预谋达到的效果。

⑬ 炮八平三,车2进9

⑭ 马七退八,炮5退1

⑮ 马四退三

如图 4-21-8,红方平炮打卒的目的并不是为了打黑象,而是为此步退马做准备,此步一出,红方阵地立见稳固,黑方欲强攻难矣!

⑮ …… 马3进4

⑯ 帅五平六,车8退1

⑰ 炮二平六

至此势必形成兑子,红方成功化解黑方攻势,多子占优。

小练习

第1题：如图，黑先，黑方如何占优？

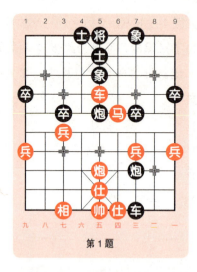

第1题

第2题：如图，红先，红方如何抢攻？

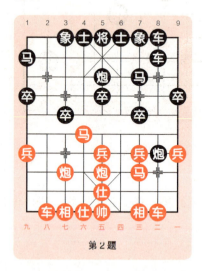

第2题

第3题：如图，黑先，黑方如何占先？

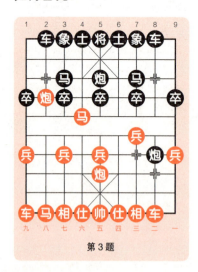

第3题

第4题：如图，黑先，黑方如何占先？

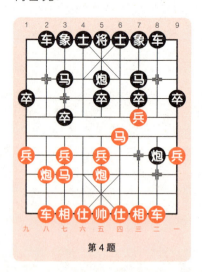

第4题

第22课　士角炮

首着炮立士角，灵活多变，可视情况下成先手屏风马或反宫马。象棋理论认为，后手屏风马和反宫马是能够与中炮相抗衡的，那么执先时应该能有一先之利，保持先手。在本课中，我们就来看看它的一些变化。

一、士角炮对右中炮（红方进炮封车）

① 炮二平四，炮2平5

以右中炮应付士角炮，到目前为止，都被认为是正统布局之一。如还原左中炮，则极有可能形成先手反宫马对后手中炮的格局，这样如前所述，红方易保持现行之利。

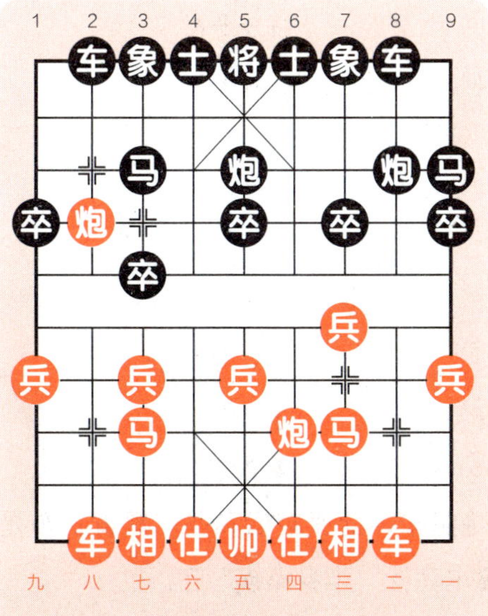

② 马八进七，马2进3
③ 马二进三，马8进9
④ 车一平二，车9平8
⑤ 车九平八，车1平2
⑥ 炮八进四，卒3进1
⑦ 兵三进一

如图4-22-1，黑方如马3进4，红方炮四平五（如车二进五，马4进5；马七进五，炮5进4；炮四进五，炮8退1，黑方乐观），卒3进1；炮八平六，车2进9；马七退八，卒3进1；车二进五，马4进5；马三进五，炮5进4；炮五进四！双方互立

图4-22-1

空头炮，但由于红车在前，形势明显占优。

⑦…… 炮8进4　　　⑧ 马三进四，炮8退1

⑨ 马四退三，炮8进1　　⑩ 马三进四，炮8退1

⑪ 马四退六，炮8进2

红方退马求变，如双方不变，则是和局；退马后形成乱战，机会相当。

⑫ 相三进五，马3进4　　⑬ 马六进七，士6进5

⑭ 炮八进一，马4进5　　⑮ 马七进六

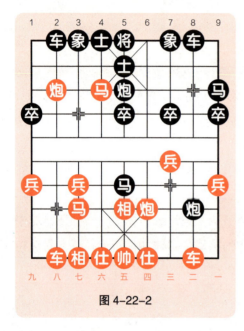

图 4-22-2

如图4-22-2，红方献马于士口好棋，一举毁灭了黑方的进攻，并为己方创造出机会。

⑮…… 士5进4

黑方当然不可将5平6，否则红方炮八平五，车2进9；炮五退四，黑方败局。

⑯ 炮八平五，马5退7！

⑰ 炮四进七！象7进5

这两步双方互出妙手，为争一先手，真是静若处子、动如脱兔了。

⑱ 车八进九，马7进6

⑲ 帅五进一，将5平6

⑳ 车八退五，将6平5

㉑ 马七进五

互相牵制中，红方较好。

二、士角炮对右中炮（红方进七兵）

① 炮二平四，炮2平5　　② 马八进七，马2进3

③ 马二进三，马8进9　　④ 车一平二，车9平8

⑤ 车九平八，车1平2　　⑥ 兵七进一，车2进4

挺七兵又是红方的一路下法，相对于进炮封车，此变较温和些。黑方长车是必然的，如再让红方炮八进四封住，黑方右翼车马就"半身瘫痪"了。

⑦ 炮四进五，卒3进1

进炮士角串打是本布局构思的重要一着，其作用一是断黑方左车的根，便于牵制住黑方无根车炮，二是为炮八平九兑车做准备。红方进炮后，右马可守住中兵，如兑车后，黑方就没有炮5进4打空头的威胁了。黑方进卒这是近几年兴起的变化，原来多走炮8平7；车二进九，马9退8；炮八平九，车2平6；炮四平七，炮7平3；车八进六，炮5平7；车八平七，象7进5，局面平稳，红方稍先。

⑧ 炮四平一，炮5平9

必要的一着，如车二进四，炮8平7，红车不能顺利巡河，黑方反而主动。

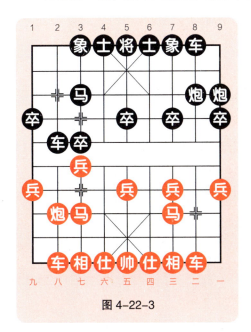

图4-22-3

如图4-22-3，红方平炮兑车放黑卒过河，已期牵制住黑方无根车炮，这是寻求变化的下法，如车二进四，卒3进1；车二平七，炮8平7，局面平淡。

⑨ 炮八平九，卒3进1

⑩ 车八进五，马3进2

⑪ 车二进五，卒7进1

⑫ 炮九退一，车8进1

黑方拔一步车是机警之着，随时准备弃子抢攻或子力兑换。

⑬ 炮九平二，车8平4

⑭ 炮二进六，车4进6

⑮ 相三进五，车4平3

红方吐回一子是明智之举。如贪子而走马三退五，卒3进1；马七退八，象3进5；红方得子失先非上策。

⑯ 仕四进五，车3平2　⑰ 车二平三，象3进5

⑱ 车三平六，马2进1　⑲ 兵三进一，车2退3

⑳ 车六平八，马1退2　㉑ 相五进七，均势

三、士角炮对进7卒

① 炮二平四，卒7进1　② 马二进一，马8进7

③ 炮八平五，车9平8　④ 马八进七，马2进3

⑤ 车九平八，车1平2　⑥ 车一平二，卒3进1

面对黑方挺7卒,红方第二步跳边马因地制宜,至此形成红方五四炮双直车对屏风马两头蛇的阵式。

⑦ 车八进四,炮2平1
⑨ 车二进四,马2进3
⑪ 车二平七,炮1退1

⑧ 车八进五,马3退2
⑩ 兵七进一,卒3进1

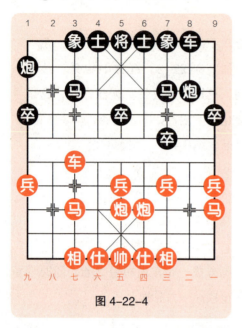

图 4-22-4

如图4-22-4,面对平稳的局面,红方又如何利用黑方微小的弱点打开局面呢?这段的子力控制属于上乘的功力。

⑫ 车七进一!象7进9

红方可谓见缝插针,黑方飞起边象,红方达到了扰乱对方阵形的目的,接下来红方还有连续的手段。

⑬ 炮四进五!炮8平6
⑭ 车七进二,炮6平5
⑮ 车七进一,炮1进1
⑯ 车七进一,炮1平4

这一段红方利用黑方松散的阵形连续走出先手,并吃掉一象,确立了优势,而黑方则完全是命令式的应付,真是棋差一着束手束脚。

四、士角炮对进左马

① 炮二平四,马8进7
② 兵三进一,车9平8

红方先挺三兵必要,如马二进三,则黑方卒7进1,红方不满意。

③ 马二进三,炮2平5
④ 马八进七,马2进3
⑤ 车一平二,车1平2
⑥ 车九平八,车2进6
⑦ 车二进六,炮8平9
⑧ 车二平三,马3退5
⑨ 相七进五,炮9退1
⑩ 车三退一

如红方仕六进五,黑方炮5平6!炮八平九(不能车三平五,黑方有炮6进7击双车的手段),车2进3;马七退八,炮6进4。

如图4-22-5,黑方进炮后,红车已成瓮中之鳖了,此段黑方得车技巧颇值玩味。车三退一，炮6退2！进退之间，大局已定，红方炮九进四，黑方车8进3，红方丢车。

⑩ …… 车8进6

⑪ 炮八退一，炮9平7

红方为左顾右盼的好棋，解决了右翼的压力。

⑫ 车三平六，马7退9

如黑方车8平7，则红方炮八平三，黑方难下。

⑬ 马三进四，马5进7

⑭ 兵三进一，车8平7

⑮ 炮四进七！

如图4-22-6，红炮打士，冷着惊人。

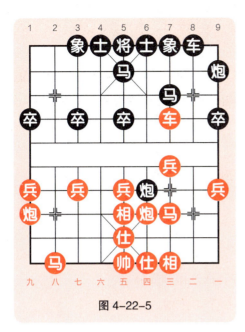

图 4-22-5

⑮ …… 车7退2

⑯ 炮四平六，车7平4

⑰ 马四进六，车2进1

⑱ 炮六退一，马9进8

黑方不敢用将吃炮，红方有平炮叫将抽车的棋。红方退炮刁钻，黑方车2平3；炮八进七，象3进1；炮六平九，红方胜势。

⑲ 炮八平九，车2进2

⑳ 马七退八，马8进6

㉑ 马八进六，红优

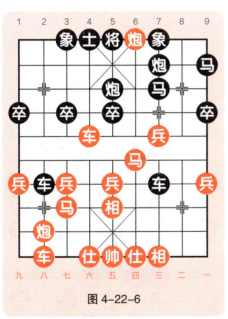

图 4-22-6

五、士角炮对过宫炮

① 炮二平四，炮2平6

黑炮走到远端的士角称为过宫炮。

② 马二进三，马8进9 　　③ 车一平二，车9平8

④ 兵七进一，马2进3　　　⑤ 马八进七，车1平2
⑥ 车九平八，车2进4　　　⑦ 炮八平九，车2平7

黑方亦可车2进5，则红方马七退八，卒7进1；炮四平七，象3进5；炮七进四，炮8平7；车二进九，马9退8；相三进五，炮7进4；马八进七，马8进7；马七进六，演变为如图4-22-7的形势，这在马炮棋中是十分常见的图形。红马抢占制高点是正确的下法。以下黑方如炮7平1，红方炮七平六，红方有渡七兵、马占高位和三路马灵活等优势。又如炮6进3；炮七平六，炮6平8；兵七进一，卒7进1；马六进七，红方稍好。

⑧ 马七进六，车7平4

如黑方车7进2，红方又有炮四进七的手段。如黑方将5平6，则红方马六进四，车7进1；马四进三，将6平5；马三进二，红方得车胜势。

⑨ 车二进四，炮8平7　　　⑩ 车二平四，炮6进5
⑪ 炮九平六

如图4-22-8，红方平炮打车是好次序。以下黑方如躲车，红方再退车吃炮，以后红马雄踞河口，还有车四进五的先手，在这种阵地战中，红方明显占优。

⑪ ……　车4进1　　　⑫ 车四平六，炮6退5
⑬ 车八进六，车8进4　　　⑭ 兵三进一，红优

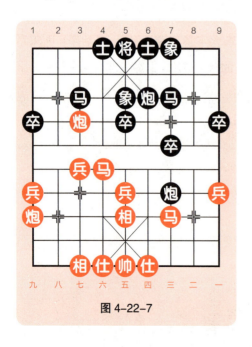

图4-22-7

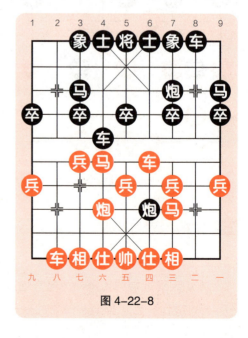

图4-22-8

六、士角炮对提横车

① 炮二平四，车9进1

黑方出横车，针对红方士角炮，以后有车9平6的先手，是可以选择的变化。

② 马二进三，车9平6
④ 车一平二，马2进3
⑥ 车二进四，车6进3
⑧ 兵三进一，象3进5
③ 马八进七，马8进9
⑤ 仕六进五，卒9进1
⑦ 车二平六，马9进8
⑨ 兵七进一，士4进5
⑩ 相七进五，车1平4
⑪ 车六进五，士5退4
⑫ 车九平六，卒3进1
⑬ 车六进四，士4进5
⑭ 炮八进二，车6平5

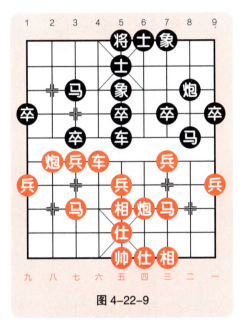

图 4-22-9

如图 4-22-9，黑方先避一手是老练之着，不给红方先手打车上马的机会。

⑮ 炮八退四，卒3进1
⑯ 车六平七，马3进4
⑰ 车七平六，炮2平4
⑱ 炮八进五，炮4进3
⑲ 炮八平五，炮4进1

双方机会相当。

第1题：如图是如何形成的？请写出布局着法。

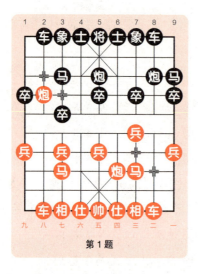

第1题

第2题：如图，红先，红方如何扩先？

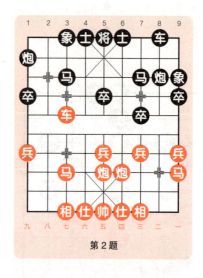

第2题

第3题：如图，黑先，黑方如何困死红车？

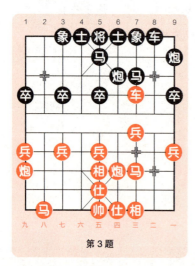

第3题

第4题：如图，红先，红方如何抢占先手？

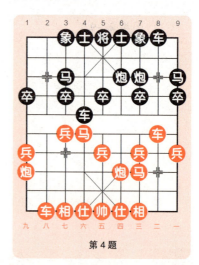

第4题

第23课　过宫炮

首着棋炮从中宫而过，立于远端士角，称为"过宫炮"，它也是一种古老的开局。最早大家认为，此布局红方子力过于重复拥挤，不易占先，所以在相当长的一段时间内，走者寥寥。但近些年来，经过广大棋手的研究实战，又赋予这项古老的棋局许多崭新的变化，使它焕发出强大的生命力，这也正是象棋艺术近千年而立的内涵所在。在第23课的学习中，让我们来揭开它的面纱吧。

一、过宫炮对左中炮

① 炮二平六，炮8平5
③ 车一平二，车9进1
② 马二进三，马8进7
④ 马八进七，车9平4
⑤ 仕六进五，马2进3
⑥ 车二进四，卒5进1
⑦ 兵七进一，车4进5
⑧ 炮六平四，车1进1

在类似盘面下，红方左马常常成为黑方肋车的攻击目标，红炮的调整也就顺理成章。

⑨ 相七进五，车1平6
⑩ 车九平六，车4进3
⑪ 帅五平六，马3进5
⑫ 炮八进四，卒5进1
⑬ 炮四进五

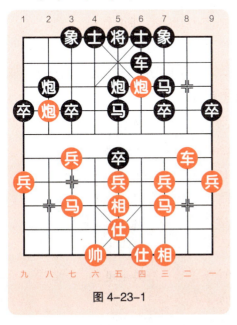

图 4-23-1

如图4-23-1，面对黑方的中路攻势，

红方并没有深沟高垒，严防死守，而是双炮齐鸣，积极进取，这步进炮士角献炮，给予黑方当头一击，是红方夺取先手的重要一手。

⑬ ……　车6进1　　　　　⑭ 炮八平五，士6进5

⑮ 兵五进一，红方稍先

二、过宫炮对进左马（红方出直车）

① 炮二平六，马8进7　　　② 马二进三，车9平8

③ 车一平二，炮8进4　　　④ 兵三进一，炮8平7

黑方此步平炮恰到好处，红方不敢主动兑车，否则底线丢相后，压力太大。但红方如为中炮，黑方就不能这样下了，因即使吃掉红方底相，黑方却受红方空头炮的限制，两相比较，黑方得不偿失。

⑤ 兵七进一，炮2平5　　　⑥ 马八进七

如图4-23-2，红方加快子力出动，主动放弃中兵，这种敢于刺刀见红、弃子争先的战斗精神是现代象棋发展的方向。如手软而走相三进五，车8进9；马三退二，车1进1；马二进三，车1平4，黑方主动。

⑥ ……　车8进9　　　　　⑦ 马三退二，炮5进4

⑧ 车九平八，炮5退2　　　⑨ 帅五进一，车1进1

⑩ 炮八进六，车1进1

⑪ 车八进三，车1平4

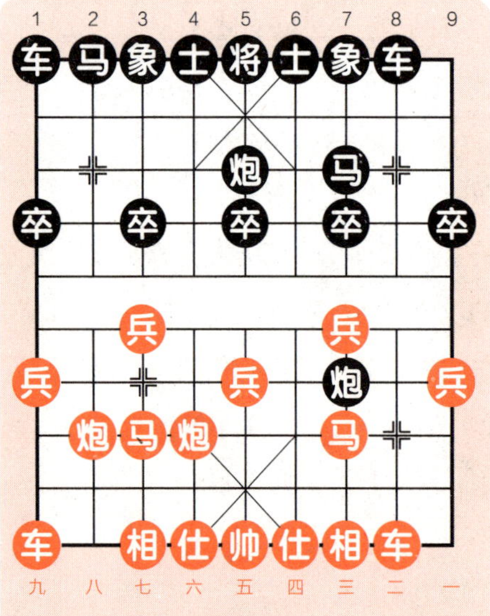

红方进车捉炮是求变的下法，如炮八退一，车1退1；炮八进一，车1进1，双方不变做和。

⑫ 车八平三，车4进5

⑬ 马七进八，车4进2

⑭ 马八进七，车4平3

⑮ 马七进六，车3退1

⑯ 帅五退一，车3进1

⑰ 帅五进一，车3平6

⑱ 马二进三，车6退2

⑲ 兵七进一

图4-23-2

如图4-23-3，红方先过七兵是老练之着，如急于吃子而走马六进八，马7退5，红方较多顾忌。

⑲ …… 马7退5
⑳ 帅五平六，炮5平8
㉑ 车三平六，车6平7
㉒ 马六进八，车7进1
㉓ 帅六退一，车7进1
㉔ 帅六进一，马5进3
㉕ 炮八平七，马3退1
㉖ 车六进六，将5进1
㉗ 兵七进一

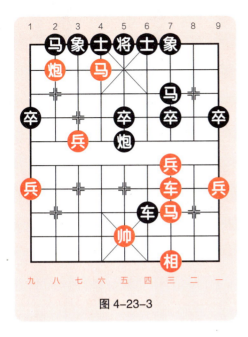

图4-23-3

至此，红方虽仕相残缺，但由于红方七兵牢牢制住黑方1路马，所以整体上仍为红方优势。

三、过宫炮对进左马（红方进三兵）

① 炮二平六，马8进7
② 马二进三，车9平8
③ 兵三进一，炮8平9
④ 马八进七，卒3进1
⑤ 炮八进四，象7进5
⑥ 炮八平三，马2进3
⑦ 车九平八，车1平2
⑧ 车八进六，士6进5
⑨ 车八平七，炮2进5

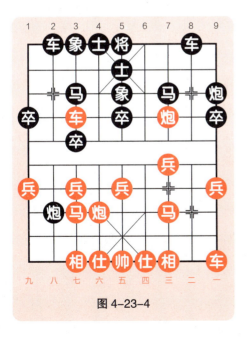

图4-23-4

如图4-23-4，黑方以进炮兑炮的重手法反击红方，着法强硬。

⑩ 炮六平八，车2进7
⑪ 马七退五，车8进3
⑫ 马三进四，卒5进1

黑方没有简单逃马，而是冲中卒挑起

战斗，欲先弃后取。

⑬ 车七进一，卒5进1　　⑭ 兵五进一，马7进5
⑮ 车七退一，马5进6　　⑯ 车七平四，车8平7
⑰ 车四退二，车2退1　　⑱ 车一平二，车2平3
⑲ 兵五进一，炮9进4

黑方较乐观。

四、过宫炮对进左马（红方进七兵）

① 炮二平六，马8进7　　② 马二进三，车9平8
③ 兵七进一，卒7进1　　④ 马八进七，马2进1
⑤ 炮八进四，炮2平4

这一回合双方均有含义，红方进左炮过河，瞄住黑方中卒，并压制黑阵。黑方平炮士角，阻断红方马七进六进击之路。

⑥ 车九平八，象3进5　　⑦ 车一平二，卒3进1
⑧ 兵七进一，车1平3　　⑨ 炮八进一

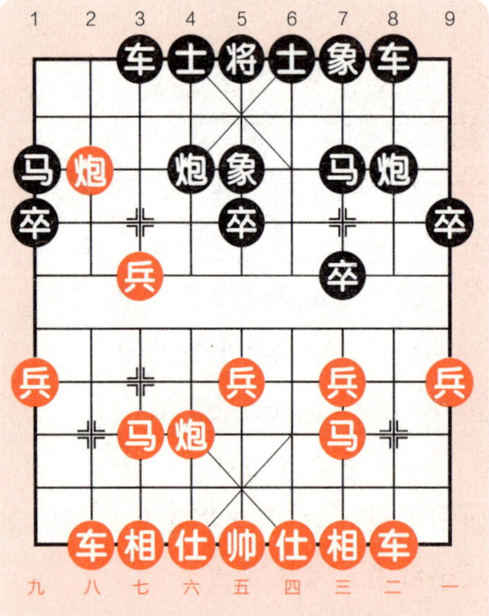

如图4-23-5，红炮进一是局部的巧手，面临黑方即将车吃兵威胁红方七路马，红方如不能妥善处理，则局势将难以开展。此手使红马可顺利跃出，并可维持不大的先手。

⑨ ……　　车3进4
⑩ 马七进六，炮4平3

黑方如进行交换，则黑方左翼车炮无根，明显不利。

⑪ 相三进五，炮8进4
⑫ 仕四进五，卒1进1
⑬ 车二平四，红方稍先

图4-23-5

五、过宫炮对挺7卒

① 炮二平六，卒7进1　　② 马二进三，马8进7
③ 车一平二，车9平8　　④ 车二进四，炮8平9

黑方挺7卒与先进左马相比，车晚出一步，也就使红方右车顺利升至河头，这样整体感觉红方更为有利。

⑤ 车二平四，马2进3　　⑥ 马八进七，卒3进1
⑦ 兵七进一，卒3进1　　⑧ 车四平七，炮2退1
⑨ 马七进六，炮2平3　　⑩ 车七平八，象3进5
⑪ 相七进五，车8进8　　⑫ 仕六进五，车8平6
⑬ 炮八退一，车6退5　　⑭ 仕五进四

如图4-23-6，红方支仕并没有很实际的作用，更多的是从心理出发，像这样双方大斗内功的中局，有时走一些不好不坏的中性着法，往往能迷惑对方，起到出其不意的效果。正所谓纹枰一局，取胜之道多亦。随着读者朋友们悟道日深，相信会有更多的发现。

⑭ ……　卒5进1　　⑮ 车九平八，车6平8
⑯ 仕四退五，马7进8　　⑰ 炮八进二，炮3平7
⑱ 后车平七，炮7平3　　⑲ 炮八平七，马3进4
⑳ 车八平七，马4退3　　㉑ 前车平八，炮3进5
㉒ 车七进三，车1平2　　㉓ 车八进五，马3退2
㉔ 炮六平八

如图4-23-7，经过交换，盘面似乎风平浪静，变得更为平淡，这也正是考验一个棋手进取心的时候。红方平炮不甘寂寞，进取之心跃然于枰上。

㉔ ……　马2进3

黑方不可车8平4，否则红方马六进八，黑方立溃。

㉕ 兵三进一，卒7进1　　㉖ 相五进三，士6进5
㉗ 马六进七，红方主动

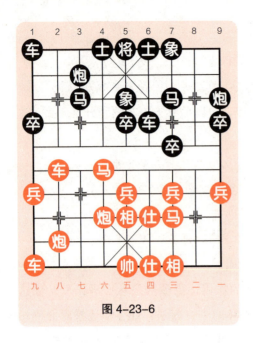

图 4-23-6

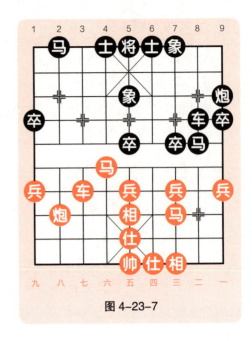

图 4-23-7

六、过宫炮对提横车

① 炮二平六，车9进1
③ 车一平二，马8进9

② 马二进三，象3进5
④ 马八进七，车9平4
⑤ 兵七进一，卒9进1
⑥ 车二进四，车4进5
⑦ 马三退五

如图4-23-8，红方退马归心，是精巧的攻击手段。以下黑方如处理不好肋车，则右翼车马炮的出动速度将累及全盘。

⑦ …… 车4平5

黑方为强硬的下法，准备弃子一战。

⑧ 炮八进七，车1平2

红方为必要的次序，如炮六平二，黑方有车5平2，不差。

⑨ 炮六平二，车5平7
⑩ 炮二进五，炮2平8

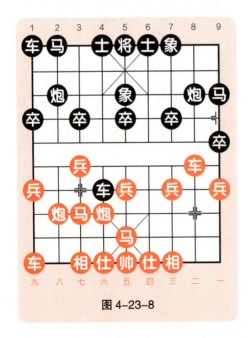

图 4-23-8

⑪ 车二进三，车2进4　　　　　⑫ 兵九进一，车7平9
⑬ 马五进三，车9平6　　　　　⑭ 车九进二，车2平4
⑮ 车二退三，卒7进1　　　　　⑯ 车二平六，车4平2
⑰ 车六进二，卒5进1　　　　　⑱ 车六平七，卒5进1
⑲ 车七平九，卒7进1　　　　　⑳ 后车退一，车2退3
㉑ 车九平一，卒7进1　　　　　㉒ 马三退二，马9进7

至此形成黑方少一子，但双卒过河，行成双方互缠的局势。

七、过宫炮对过宫炮

① 炮二平六，炮8平4

黑方亦以过宫炮应之，可以说双方均厚实稳正，属于内线运子、大斗内功的布局。

② 马二进三，马8进7　　　　　③ 车一平二，卒7进1
④ 马八进七，卒3进1

红方如兵七进一，车9进1；马八进七，车9平3；相七进五，卒3进1；车二进四，卒3进1；车二平七，车3进4；相五进七，马2进3。虽然局面平稳，但红相高飞，黑方更为满意。

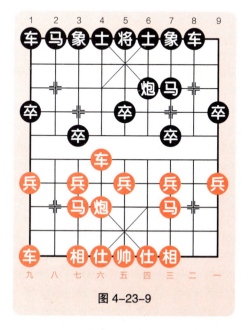

图 4-23-9

⑤ 车二进四，车9平8
⑥ 车二平六，炮4进5
⑦ 炮八平六，炮2平6！

如图4-23-9，黑方平炮调形，弃掉底士是大局观极强的走法。从而保证能够在棋形上不输给红方，并与之抗衡。如走马2进3保士，则红方车九平八，车1平2；车八进六，黑方总是差些。

⑧ 兵七进一，卒3进1

如红方炮六进七贪士，士6进5；炮六退三，马2进3，黑方反见好。

⑨ 车六平七，象3进5
⑩ 车九平八，马2进3

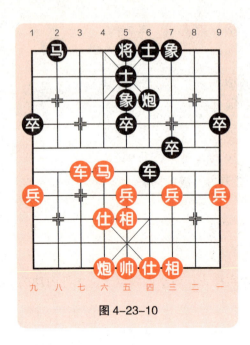

图4-23-10

⑪马七进六，士4进5

黑方稍缓，不如立即车8进6。

⑫相七进五，车8进6

⑬炮六进一，车8进1

⑭马三退五，车8平6

⑮马五进七，马7进6

⑯仕六进五，车6退2

⑰炮六退三，马6进4

⑱马七进六，车1平2

⑲车八进九，马3退2

⑳仕五进六

如图4-23-10，红方支仕护住河口高位马，以便将来腾出七路车，走得细致紧凑。

⑳…… 马2进3

㉒马六进八，马3退2

㉑车七进二，卒5进1

㉓车七平九，红优

 小练习

第1题：如图，红先，红方如何占先？

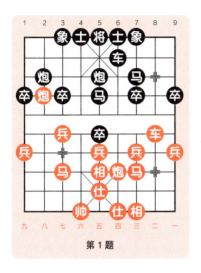

第1题

第2题：如图，黑先，黑方3路马将要被吃，该如何下？

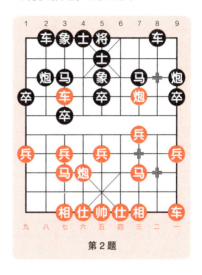

第2题

第3题：如图，红先，红方如何得子？

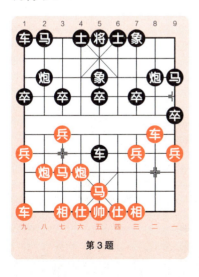

第3题

第4题：如图，黑先，黑方如何定型？

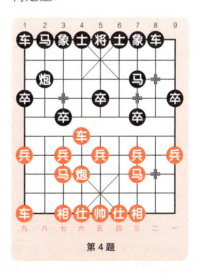

第4题

第五章　兵类布局及其中局

　　红方开局首着挺兵含有克制敌马并活跃己方马路的作用，还可伺机还架中炮，可谓是灵活机动之着，前辈棋手又称此布局为"仙人指路"，可见对它的推崇。从本章开始，我们就来学习它的一些主要变化。

第24课　进兵局一

一、仙人指路对卒底炮（红方飞相）

① 兵七进一，炮2平3

黑方平炮卒底，瞄住红方七路线，伏有卒3进1的威胁，是后手方对付进兵最有力的手段之一，它又有另一个响亮的名字，称为"一声雷"。

② 相七进五，马2进1

红方补相巩固七路线是早期的应法，想使局势安稳下来，降低卒底炮的进攻能力，那么树欲静，而风能止吗？

③ 马八进七，车1平2

④ 车九平八，炮8平5

⑤ 炮八进四，马8进7

⑥ 马二进一，车9平8

⑦ 车一平二，卒3进1

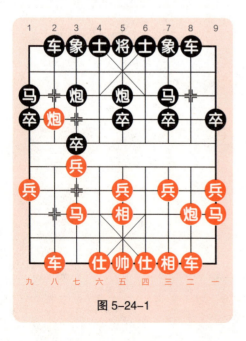

图 5-24-1

如图5-24-1，黑方主动弃3卒，准备下手车8进4吃回，并左车右移，战法高明。如改走车8进4，红方炮二平三，车8平4；车二进四，红车从容进至河口，先手在握。

⑧ 兵七进一，车8进4

⑨ 兵七平八，卒1进1

⑩ 炮八平三，车2进4

黑方弃象是有预谋的下法，如象7进9，红方兵八进一，黑方不能满意。

⑪ 车八进五，马1进2　　　　⑫ 炮二平四，车8平3

黑方平车立意决战，如兑车则要进入漫长的马炮棋战斗。

⑬ 炮三进三，士6进5　　　　⑭ 炮三平一，士5进4

⑮ 车二进九，将5进1　　　　⑯ 车二退一，将5退1

⑰ 马七退九，炮5进4

如红方炮四进六弃马抢杀又会怎样呢？炮3进5；炮四平三，炮5进4；仕六进五，炮3平9；炮三进一，马7退8；帅五平六，马2进1；炮三退三，马8进6；车二进一，将5进1；炮三进二，马6进7；炮一退一，马7退8，红方刚好不能成杀，黑胜。

⑱ 仕四进五，车3平6　　　　⑲ 帅五平四，卒9进1

⑳ 兵三进一，象3进5　　　　㉑ 车二退五，炮5退1

㉒ 马一退三，炮3退1　　　　㉓ 马三进四，车6平8

㉔ 车二进二，马7进8

双方进入无车棋的较量，黑方多中卒且子位较好，占优。

二、仙人指路对卒底炮（红方右中炮，黑方还顺炮）

① 兵七进一，炮2平3　　　　② 炮二平五，炮8平5

红方还中炮是在飞相的基础上发展起来的，符合积极进取、抢攻在前的现代象棋理念，也是近些年全国赛的主流布局之一。

③ 马二进三，卒3进1　　　　④ 车一平二，卒3进1

⑤ 马八进九，马8进7　　　　⑥ 车二进四，卒3进1

⑦ 炮八进四，卒3平4　　　　⑧ 炮八平三，炮3退1

目前形势，红方以放黑卒过河为代价，换得子力上出动较快，应该说是各有所得，红方占先的盘面。此步黑炮退一，一是准备马2进3，二是伺机平中炮，也算是移步换形的好棋。

⑨ 车二平七，马2进1　　　　⑩ 车九平八，卒4平5

⑪ 炮五退一，后卒进1？　　　⑫ 马三进五！

如图5-24-2，红方抓住黑方后卒进1的毛病，进马强吃中卒，黑方不敢炮5进4，否则红方炮五进四，将5进1；炮三平五，将5平6；车七平四，红胜。

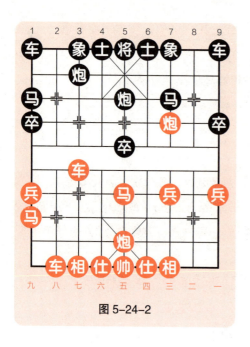

图 5-24-2

⑫ …… 车9平8
⑬ 马五进四，马7退9
⑭ 车八进七，炮3平5
⑮ 相三进五，车8进4
⑯ 马四进三，车8退2
⑰ 马三进五，士6进5
⑱ 炮五平七，红方大优

三、仙人指路对卒底炮（红方右中炮，黑方飞3象）

① 兵七进一，炮2平3
② 炮二平五，象3进5
③ 马二进三，车9进1
④ 马八进七，车9平2

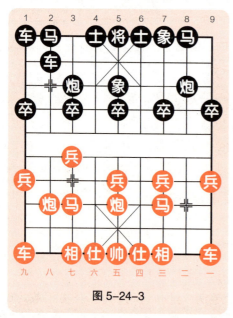

图 5-24-3

如图5-24-3，黑方平车2路，着法细致，如贪走卒3进1，红方兵七进一！炮3进5；车一平二，车9进1；炮八进二，卒9进1；炮五进四，士4进5；红方弃子得先占优。黑车平2如改走车9平4，红方车一平二，马8进9；车二进四，红方先手。

⑤ 车一平二，马2进4
⑥ 炮八平九，马8进9
⑦ 马七进六，士4进5
⑧ 炮九平六，车1进1
⑨ 仕六进五，卒9进1
⑩ 炮六退二

如图5-24-4，双方大斗内线，红方六路炮退回底线，是类似盘面下常见的手段，也是不可不察的一手好棋，其目的是可炮五平六攻击黑方拐角马，并可准备联相调整己方阵形，对河口马加强保护。

⑩……　车2进3
⑪ 车二进六，车1平2
⑫ 炮五平六，卒3进1
⑬ 相七进五，卒3进1

红方补相是冷静的处理，如兵七进一，前车平3；炮六进六，炮3进7；炮六进二，炮8平6，黑方弃子有攻势，红方得

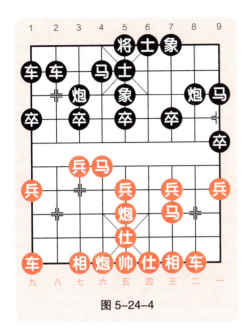

图 5-24-4

不偿失。

⑭ 相五进七，炮3平4
⑯ 车九平七，马4进2
⑱ 仕五进六，炮8平6
⑳ 车二平一

⑮ 相七退五，前车退1
⑰ 兵三进一，炮4进5
⑲ 仕四进五，后车退1

如图5-24-5，在看似相互顶死的局面下，红方找到了一条进取之路，并且是行之有效的。红车吃掉黑方9路卒后，一路边兵便可畅通无阻。黑方看似完整的阵形，由于红方边兵的挺进，会变得逐渐难以抵抗，真是"千里之堤，毁于蚁穴"啊！

⑳……　车2进5
㉑ 车一退一，马2进3
㉒ 车一平四，车2进3
㉓ 车七进四，马9退7
㉔ 兵一进一，马3退4

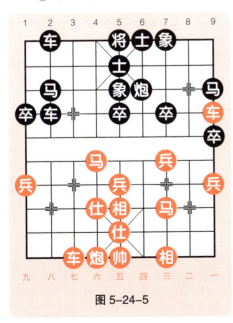

图 5-24-5

㉕ 兵一进一，卒5进1　　　　　㉖ 马六进七

至此红方优势明显，黑方难下了。

四、仙人指路对卒底炮（红方右中炮，黑方飞7象）

① 兵七进一，炮2平3　　　　　② 炮二平五，象7进5

③ 马八进九，卒1进1

红方跳边马先避一手还是妥当的，如马二进三，黑方卒3进1；车一平二，卒3进1；马8进9，马2进1；车二进四，车1平2；炮八平六，马1进3；由于黑方飞7象，黑方左马多了马8进6的选择，反之要是3象就不存在了。这些布局上的细微之处，读者应多多留意。当前局面，黑方更为满意。

④ 马二进三，卒1进1　　　　　⑤ 兵九进一，车1进5

⑥ 炮五进四，士6进5　　　　　⑦ 相三进五，马8进7

⑧ 炮五退二，车1进1　　　　　⑨ 车九平八，马2进1

⑩ 车一平二，马7进5　　　　　⑪ 兵三进一，车9平6

⑫ 车二进五

如图5-24-6，红方进车骑河，着法有力，牢牢控制着先手。

⑫ ……　　卒7进1　　　　　⑬ 车二进一，马5进6

黑方弃卒挡车，应法积极。此步红方如兵三进一，黑方车1退2，先弃后去吃回红方过河兵，黑方可以满意。

⑭ 马三进四，车6进5　　　　　⑮ 兵三进一，炮3平2

如图5-24-7，黑方先平炮打一下车是良好的次序。如直接车1平5，红方炮八进二后，有先手击双车的手段。

⑯ 炮八平七，车1平5　　　　　⑰ 炮五进二，车5退2

⑱ 车八进六，车5平7　　　　　⑲ 炮七进四，红优

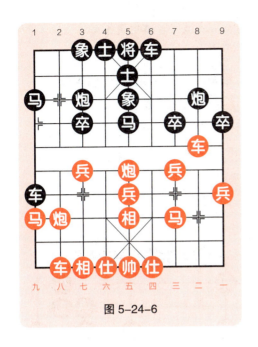

图 5-24-6

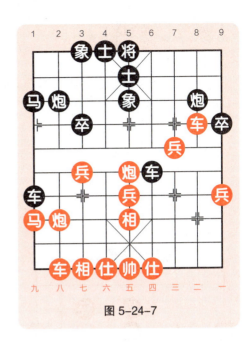

图 5-24-7

五、仙人指路对卒底炮（红方右中炮，黑方进左正马）

① 兵七进一，炮2平3　　② 炮二平五，马8进7

③ 马二进三，卒3进1　　④ 马八进九，卒3进1

⑤ 车一平二，车9平8　　⑥ 车二进四，炮3退1

又见退炮，在前面的章节中，我们已经介绍过一些了，卒底炮的作用主要是针对对方三七路线。当这种威胁消失以后，黑方右翼的马炮结构就不是很理想，尤其是马的位置需调整。

⑦ 炮八进六，车1进1

红方是不会坐视黑方舒服地调形，进炮压马，双方开始"肉搏"战。

⑧ 车九平八，炮3进8　　⑨ 仕六进五

红方宁可弃相，也要保持对黑方右侧的压制。如车八平七，车1平2；车七进四，车2进6；车七平八（如车七进五，马2进3，红方失子），车2平1；车八进五，象7进5；车二进二，卒7进1；车二平三？炮8进5。如图5-24-8，在面临子被捉的情况下，红方再一次选择了勇于进取的战法。车三进一，炮8平5；相三进五，车1平5；马三退五，车8进9；车三退一，车5平6；马五进三，车6平7；黑方得回失子占优。

⑨……　炮3退2　　　　　　⑩ 马三退一，车8进1
⑪ 炮八退七

如图5-24-9，红方左炮退至次底线，寓意深远，伏有多种进击手段。

⑪……　马2进1　　　　　　⑫ 炮八平七，象3进5
⑬ 炮七进三，炮8进2　　　　⑭ 炮七进三，象5退3
⑮ 车八进七，炮3退3　　　　⑯ 马九进七，卒7进1
⑰ 兵三进一，车8平2　　　　⑱ 车八进一，车1平2
⑲ 兵三进一，红优

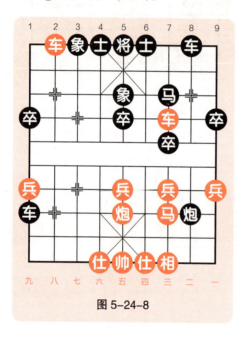

图5-24-8

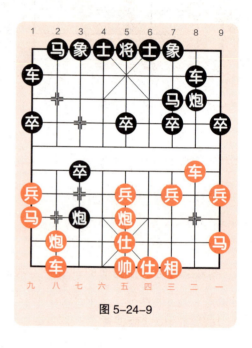

图5-24-9

六、仙人指路对卒底炮（红方左中炮）

① 兵七进一，炮2平3　　　　② 炮八平五，炮8平5

红方走左中炮，黑方还列手炮，是经过大量实战证明最具有对抗性的应着。如再参照红方右中炮时，黑方飞左右象或跳左正马，由于红方总有马七进六的攻着以及子力位置上的不同，总体来说，黑方易落后手。

③ 马八进七，马8进7　　　　④ 车九平八，马2进1

老式下法多为马二进一，车9平8；车一平二，马2进1；车九平八，卒3进1；兵七进一，车8进4；兵七平八，车1平2；兵八进一，车8平3；马七进六？

炮5进4；仕六进五，车2进3，黑方大优。

⑤ 马二进三，车9平8

如黑方卒3进1；则红方马七进六，卒3进1；马六进五，马7进5；炮五进四，士6进5；相七进五，车1平2；车八进九，马1退2；炮二进四，红方先手。

⑥ 车一平二，车8进5

⑦ 车八进八，士4进5

黑方可走炮3退1，相对平稳。

⑧ 兵三进一！车8平7

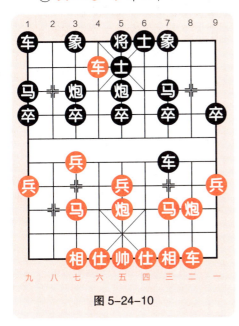

图5-24-10

⑨ 车八平六！

如图5-24-10，红方连续弃兵弃马，构思宏伟，气势磅礴。至此已成天地炮雏形，红方送三兵时，黑方车8退1好些，以下炮二平一，车8进5；马三退二，局面平淡，但红方仍持先行之利。

⑨ …… 车7进2

⑩ 炮二进七，炮3进3

如黑方马7退8，红方车二进九，车1平2；炮五进四，车7平6；车二平三，车6退6；仕六进五，车2进2；帅五平六，炮3平4；车三退二，红方胜势。

⑪ 炮二平一，炮3平7

⑫ 车二进八，卒3进1

⑭ 仕六进五，马1进3

⑯ 仕五进四，将5平4

⑬ 炮五进四，车7平6

⑮ 车六平五，马7退5

⑰ 车二平五，红方大优

小练习

第1题：如图，黑先，黑方如何走较好？

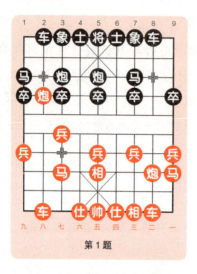

第1题

第2题：如图，红先，红方有弃子争先的机会吗？

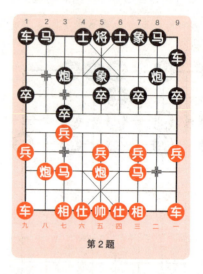

第2题

第3题：如图，红先，红方如何走才能获取优势？

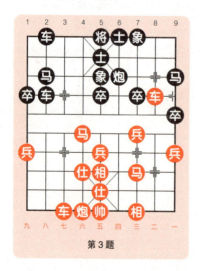

第3题

第4题：如图是如何形成的？请写出布局着法。

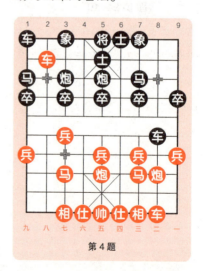

第4题

第25课　进兵局二

一、对兵局（红方平兵底炮，黑方飞象）

① 兵七进一，卒7进1　　　　② 炮二平三，象7进5

黑方也挺7卒，称为"对兵局"，它是除了卒底炮之外，应付仙人指路的另一种公认的正统布局，理论上认为这两套布局是可以与进兵相对抗的。

③ 马二进一，马8进7　　　　④ 车一平二，车9平8

⑤ 车二进六，炮8平9　　　　⑥ 车二进三，马7退8

⑦ 炮八平五，马2进3　　　　⑧ 车九进一，车1进1

红方抢抬横车，棋快一着，可先攻到黑方8路马。如按部就班走马八进七，车1平2，再车九进一，黑方就有炮2进6封车了，红方的意图无法实现。

⑨ 车九平二，马8进6

黑方不能马8进7，红方车二进六，象5退7；马八进七，黑方阵形散乱，红优。

⑩ 马八进七，车1平4

红方先跳正马，稳步进取。如车二进七，车1平4；车二平三（如马八进七，黑方炮2退1，伏车4进8脱钩，红方无便宜），车4进7（如炮2退1，红方有车三退一）；马八进七，车4平6；黑车经过顿挫，正好变线看住黑马，形成双方差不多的局面。

⑪ 兵一进一，车4进3　　　　⑫ 车二平四

如图5-25-1，红方平车打击黑方拐角马，尽可能利用黑方这个弱点，希望打开缺口，是可行的计划。

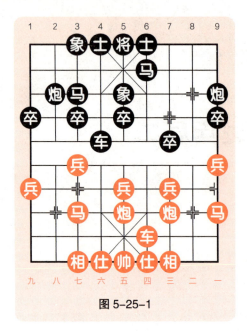

图 5-25-1

⑫…… 马6进8

⑬ 炮三平二，卒3进1

红方平一步炮细腻，与上手捉马紧密相连，可谓咬定青山不放松。

⑭ 马一进二，马8退7

⑮ 兵七进一，车4平3

⑯ 马二进四，卒5进1

⑰ 兵五进一，卒5进1

⑱ 马四进六，马3进4

⑲ 车四进四，炮2平4

⑳ 马六进八，车3平2

㉑ 马八进七，马4进3

㉒ 车四平八，马3退2

至此局面，双方进行马炮棋战斗，互缠之中，红方更为有利。

二、对兵局（红方平兵底炮，黑方还中炮）

① 兵七进一，卒7进1

② 炮二平三，炮8平5

③ 炮八平五，马8进7

④ 马八进七，马2进1

⑤ 马二进一，车9平8

⑥ 车九平八，车1平2

⑦ 兵一进一，士6进5

⑧ 车一进一，马7进6

⑨ 车八进三

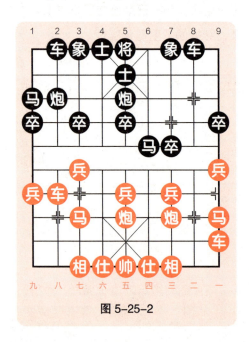

图 5-25-2

如图5-25-2，红方进车兵线看中兵是新兴下法，原来多走炮五进四，车8进7；炮三平五，炮2进5；车八进二，车2进7；炮五平八，车8平3；炮八进三，各有千秋。

⑨…… 炮2平4

⑩ 车八进六，马1退2

红方兑车容易控制，如车八平六，车8进3；车一平四，车2进4；车四进三，马1退3；仕六进五，马3进4；炮三进三，车2进4；车六平七，车2平3！黑优。

⑪ 车一平八，马2进1

黑方跳马避捉正确。如马6进5，则红方马七进五，炮5进4；炮五进四，炮4平5；车八进八，车8进7；车八退七，黑方弃子并没有棋。

⑫ 车八进二，车8进3　　⑬ 仕六进五，马1退3

⑭ 炮三进三，马3进4　　⑮ 车八进三，马6进5

⑯ 车八平七，卒5进1　　⑰ 马七进八，马5退3，黑方较好

三、对兵局（红方兵底炮，黑方中炮）

① 兵七进一，卒7进1　　② 炮二平三，炮8平5

③ 马八进七，马8进7

跳马比还中炮的变化更为丰富多彩，也是众多棋手喜爱的下法。

④ 相七进五，马2进1

红方先补起中相是灵活之着，以后伺机可炮三进三，再马二进三，保留跳正马的权利，比单纯马二进一自然要强些。

⑤ 车一进一，炮2平3　　⑥ 车一平六，车1平2

⑦ 车九平八，车2进4

⑧ 仕六进五，士6进5

⑨ 炮八平九，车2进5

⑩ 马七退八，象7进9

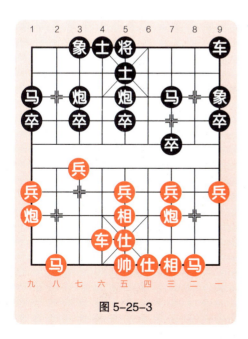

图5-25-3

如图5-25-3，黑方迟迟没有车9平8，而是飞起边象，另谋车路，因如出直车，则此车在8路线并无好点可占，相反在肋道有出路。

⑪ 马八进七，车9平6

⑫ 马二进一，车6进4

⑬ 兵一进一，卒1进1

⑭ 马一进二，车6进1

⑮ 车六进三，车6平4

⑯ 马七进六，炮5进4　　　　⑰ 马二进三，炮5退1
⑱ 炮九进三

至此，红方各子占位良好，并有空间优势，前景乐观。

四、对兵局（红方跳马转顺象）

① 兵七进一，卒7进1　　　　② 马八进七，马8进7
③ 车九进一，象7进5　　　　④ 相三进五，马2进1

红方跳马起横车后，形成了顺手相的布局格式，比红方摆兵底炮要缓和一些。

⑤ 马二进四，车1进1　　　　⑥ 车一平三，车1平6
⑦ 兵三进一，卒7进1　　　　⑧ 车三进四，士6进5
⑨ 马七进六，炮2平4

如黑方车9平6，红方有炮二平四。

⑩ 车三平二

如图5-25-4，红方平车邀兑黑炮，主要是给拐角马找路，是一步好棋。在局面还相对平稳的情况下，给自己的弱子提前找好出路，是明智的选择。

⑩ ……　　炮8进5　　　　⑪ 马四进二，车9平6
　　　　　　　　　　　　　　⑫ 仕六进五，车6进4
　　　　　　　　　　　　　　⑬ 车二平三，前车平7
　　　　　　　　　　　　　　⑭ 马二进三，车6进5
　　　　　　　　　　　　　　⑮ 炮八进二，卒3进1
　　　　　　　　　　　　　　⑯ 马六进五，车6退1
　　　　　　　　　　　　　　⑰ 马五进三，炮4平7
　　　　　　　　　　　　　　⑱ 兵七进一，车6平3
　　　　　　　　　　　　　　⑲ 炮八平五，车3平7
　　　　　　　　　　　　　　⑳ 马三退四，车7进2
　　　　　　　　　　　　　　㉑ 车九平六，车7平5
　　　　　　　　　　　　　　㉒ 车六进五，车5平9
　　　　　　　　　　　　　　㉓ 车六平三，炮7平6
　　　　　　　　　　　　　　㉔ 马四进三，红方优势

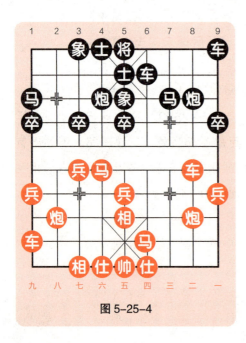

图5-25-4

五、对兵局（红方跳马转逆象）

① 兵七进一，卒7进1　　② 马八进七，马8进7

③ 车九进一，象3进5　　④ 相三进五，马2进4

⑤ 马二进四，车1平3　　⑥ 车一平三，车9进1

至此双方下成对称形，理论上认为先走一方总要好些。

⑦ 兵三进一，卒7进1　　⑧ 车三进四，卒3进1

⑨ 马七进八

如图5-25-5，红方主动求变，打破对称形，是先手方积极的态度。

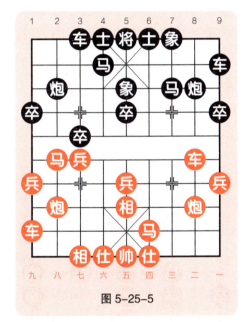

图 5-25-5

⑨ ……　　马7进8

⑩ 炮八平七！车9平6

关键之着，红方扩大了先手，造成黑方3路车无法通头。

⑪ 炮二进五，炮2平8

⑫ 车九平六，马4进2

⑬ 车三进五，炮8平7

红方挥车斩象为有力之着，黑方如车6进7，则红方车六平四，象5退7；车四进六，红方得回失子，得象占优。

⑭ 车三平二，车6进3

⑮ 马四进二，马8进6

这种棋黑方好似"慢性自杀"，缺象的毛病很难弥补。因仕相棋相对平淡，较难挑起争斗，现在马往里跳，也是希望尽量复杂些，创造出机会。

⑯ 车六平四，士4进5　　⑰ 马二进一，车3平4

⑱ 马一进二，车6退3　　⑲ 仕四进五

红方再加厚一手，掌握进攻节奏，黑方已无好棋可下，局势十分困难。

六、对兵局（红方跳马转中炮）

① 兵七进一，卒7进1　　② 马八进七，马8进7

③ 车九进一，象7进5　　④ 炮二平五，马2进3

红方摆中炮，还原成了中炮对屏风马，可见仙人指路布局的灵活多变。

⑤ 马二进三，车9平8　　⑥ 车一平二，炮2进4

⑦ 兵五进一，炮2平3　　⑧ 相七进九，车1平2

⑨ 车九平四，车2进6　　⑩ 车二进六，炮3平1

⑪ 炮八退一

如图5-25-6，红方左炮退一，准备从中路强攻，各子蓄势待发，好棋。

⑪ ……　　炮8平9　　⑫ 车二进三，马7退8

⑬ 炮八平五，马8进7　　⑭ 兵三进一，卒7进1

⑮ 兵五进一

如图5-25-7，红方先送三兵，再弃中兵，盘活马路，立意决战，战斗的风格跃然于枰上。

⑮ ……　　卒5进1　　⑯ 马三进五，炮1平5

⑰ 马七进五，卒7平6　　⑱ 车四进三，士4进5

⑲ 马五进三，车2平4　　⑳ 后炮进四，将5平4

㉑ 仕六进五，红方略好

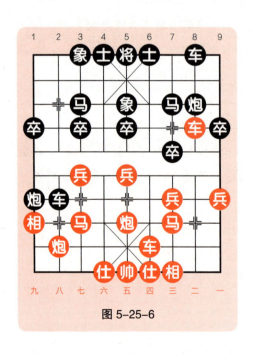

图 5-25-6

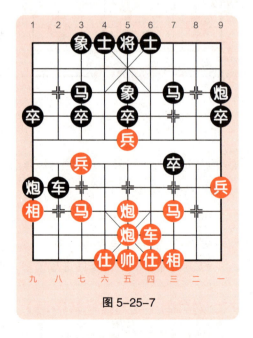

图 5-25-7

小练习

第1题：如图，红先，红方如何进攻？

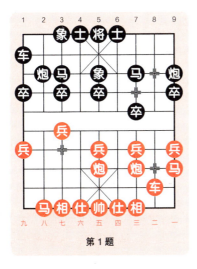

第1题

第2题：如图，黑先，黑方如何应对？

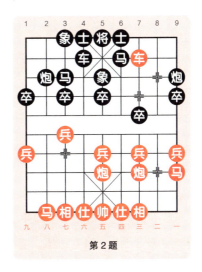

第2题

第3题：如图是如何形成的？请写出布局着法。

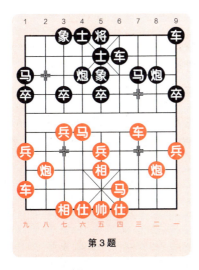

第3题

第4题：如图，红先，红方如何盘活双马？

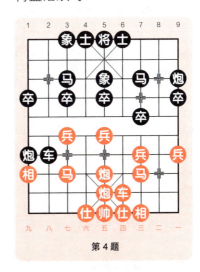

第4题

第26课　进兵局三

一、仙人指路对起马一

① 兵七进一，马8进7
② 兵三进一，炮8平9
③ 炮二平四，炮2平5

黑方还中炮，态度强硬。如黑方车9平8，则红方马二进三，车8进4；车一平二，车8平2；炮八进五，炮9平2；马八进七，马2进3；车二进六，卒3进1；兵七进一，车2平3；相七进五，象3进5；车二平三，马3进2，形势平稳，红方略好。

④ 马八进七，马2进3
⑤ 车九平八，车1平2
⑥ 炮八进四，马3退1
⑦ 炮八退五

如图5-26-1，红方左炮退足是较好的选择。如炮八平五？马7进5；车八进九，马5退3，黑方得子。又如炮八进一，马1进3；炮八退一，马3退1，双方不变做和。再如炮八进二，车9进1，黑方抢一先。

⑦ ……　　车9平8
⑧ 马二进三，车2进4
⑨ 炮八平五，车2进5

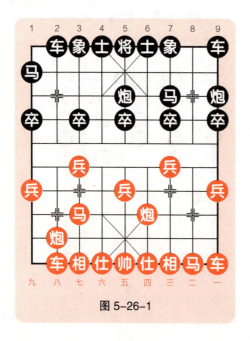

图 5-26-1

⑩ 马七退八，车8进4　　　⑪ 车一平二，车8平6

⑫ 炮四平六，卒3进1　　　⑬ 车二进六

如图5-26-2，红方挥车过河，大局感了然。如顺手兵七进一，车6平3；相三进五，炮5平2，黑方亦乘机调整了阵形，双方差距不大。

⑬ ……　车6平4　　　⑭ 炮六平四，卒3进1

如黑方再炮5平2，红方马三进四，车4进1；马四进五，马7进5；炮五进五，红方优势。

⑮ 车二平三，马7退9

如黑方马7退5，红方炮五进四，黑方也难走。

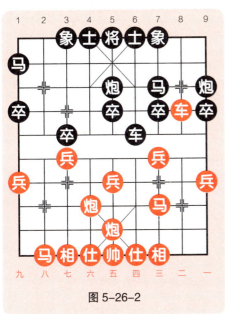

图5-26-2

⑯ 马三进四，车4平2

⑰ 车三进二，车2进5

⑱ 车三平一，炮9平7

⑲ 相三进五，马1进3

⑳ 车一平三，炮7平8

㉑ 车三平二，炮8平7

㉒ 兵三进一，车2退5

㉓ 兵三进一，炮7平9

㉔ 炮四平三，红方大优

二、仙人指路对起马二

① 兵七进一，马8进7　　　② 兵三进一，炮2平3

③ 相三进五，马2进1　　　④ 炮八进五，象3进5

红方先进炮花打马，俗称"锁葫芦炮"，这样红方左车可先亮出来。如马八进七，车1平2；车九平八，车2进4，黑车可以率先抢占河口。

⑤ 马八进七，炮8平9　　　⑥ 炮二平四，车9平8

⑦ 马二进三，车8进4　　　⑧ 车九平八，卒1进1

⑨ 车八进六，车1平2　　　⑩ 车一平二，车8平6

⑪ 仕四进五，卒3进1　　　⑫ 兵七进一，象5进3

⑬ 马七进六，车6平4　　　⑭ 马六退八，车2进2

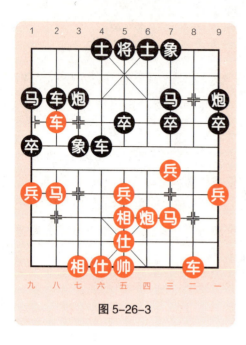

图 5-26-3

如图5-26-3，黑车砍炮，算准可多得一相，在局部是妙手。但全局来讲，仍为红方占优，原因主要在于红方双马活跃。

⑮ 车八进一，炮3进7
⑯ 相五退七，炮9平2
⑰ 马三进四，车4退1
⑱ 车二进五，象7进5

红方大势明了，如马八进七，车4平3；马七退六，车3进6，红方再失底相，顾忌颇大。

⑲ 车二平七，车4进6
⑳ 仕五退六，象5进3
㉑ 马八进七，红优

三、仙人指路对起马三

① 兵七进一，马8进7

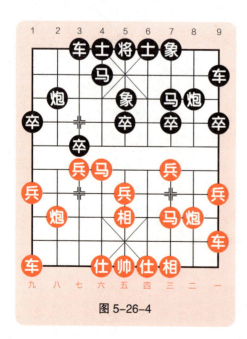

图 5-26-4

② 兵三进一，车9进1
③ 马二进三，象3进5

如黑方卒3进1，则红方炮八平七，车9平3；炮二平一，炮2平3；车一平二，炮8平9；兵七进一，炮3进5；马八进七，车3进3；车九平八，马2进3；车二进七，红优。

④ 车一进一，马2进4
⑤ 相七进五，车1平3
⑥ 马八进七，卒3进1
⑦ 马七进六

如图5-26-4，红方不吃卒，反弃兵跳马，构思独特，深得局中三味，而黑卒过河后反成"鸡肋"。

⑦…… 卒3进1　⑧ 车九平七，卒3进1
⑨ 炮二进一，马4进3

黑方不如卒3进1，则红方车七进二，车3进7；马六退七，马4进3，好于实战的下法。

⑩ 马六进四，卒3进1　⑪ 车七进二，车9平6
⑫ 马四进三，炮2平7　⑬ 炮二进三，士6进5

红方一击中的，黑方棋形弱点无法弥补了。

⑭ 车一平六，车6进3　⑮ 炮二平五，将5平6
⑯ 炮五平一，红优

四、仙人指路对飞象

① 兵七进一，象3进5　② 马八进七，卒7进1
③ 炮八平九，马2进3　④ 车九平八，车1平2
⑤ 炮二平六，马8进7　⑥ 马二进三，马7进6
⑦ 车八进六，车9进1　⑧ 车一平二，炮8平7
⑨ 相三进五，车9平4　⑩ 仕四进五，炮2退1

如黑方炮2平1，则红方车八进三，马3退2；炮九进四，马2进3；炮九退一，红方占先。

⑪ 车二平四，车4进3
⑫ 马七进六

如图5-26-5，红方进马强行打车，拆散黑方车马的河沿封锁，走得简洁有力。

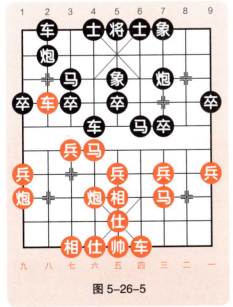
图5-26-5

⑫…… 车4进1
⑬ 车四进五，士4进5
⑭ 车四进一，车4进1
⑮ 兵九进一，车4平3

红方走得细腻，以后可见其妙。

⑯ 车四平三，炮7平6
⑰ 炮九进四，卒3进1

黑方挺3卒无奈，如走马3进1，红方兵九进一占优。

⑱ 兵七进一，车3退2　　　⑲ 炮九平五，马3进5

炮打中卒，简单实惠，红方牢牢控制了主动权。

⑳ 车三平五，卒9进1　　　㉑ 兵五进一

红方已取得了多兵、兵种配制好于黑方等明显的优势，一旦红马再投入战斗，黑方将难以抵挡。此手中兵一冲，马从中路盘旋而出，各子浑然一体，取胜只是时间问题。

㉑ ……　炮2进1　　　㉒ 兵五进一，车2平4

㉓ 马三进五，车4进6　　　㉔ 马五进六，炮2平4

㉕ 车五平七，炮4退2　　　㉖ 车七退一，象5进3

㉗ 兵九进一，红方胜势

五、仙人指路对过宫炮

① 兵七进一，炮8平4　　　② 马二进三，马8进7

③ 车一平二，卒7进1

如黑方车9平8，则红方炮二进四，卒7进1；炮二平三，象3进5；车一进九，马7退8；马八进七，红方先手。

④ 马八进七，车9平8　　　⑤ 炮二进四，象3进5

⑥ 相七进五，马2进1　　　⑦ 仕六进五，车1平3

⑧ 车九平六，士6进5

黑方补6士是一种改进，如改走士4进5，则红方车六进五，卒3进1；兵七进一，炮2退1；炮二平三，车8进9；马三退二，炮2平4；以下红方正好车六平三先手吃卒，保持占优的盘面。

⑨ 车六进五，卒3进1

红方骑河车封住河头，不让黑方象位车顺利杀出。以下黑方如卒3进1，红方兵七进一，车3进4；车六平七，象5进3；马七进六，红先。此步红方如车六进四，卒3进1；炮二平三，车8进9；马三退二，卒3进1；车六平七，车3进5；相五进七，卒1进1，双方均势。

⑩ 兵七进一，炮2退1　　　⑪ 炮二平四

红方亦可走炮二平三，车8进9；马三退二，炮2平4；车六平四，前炮进1；炮八进五。如图5-26-6，红方进炮打马，黑方如车3进2，红方有兵七进一！车

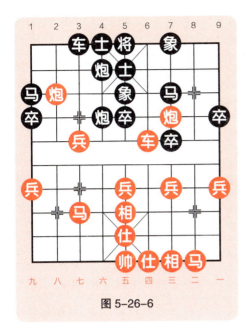

图 5-26-6

3进1；炮八平三，炮4平7；马七进六，红方得子。士5进4；炮八退一，双方差不多。

⑪ …… 车8进9

⑫ 马三退二，象7进9

⑬ 炮八进五，炮2平4

红方弃车，此后盘面混乱，一时难下结论。

⑭ 炮八平五，将5平6

⑮ 炮五平九，炮4进3

⑯ 兵七平六，马7进8

⑰ 炮四退四，马8进7

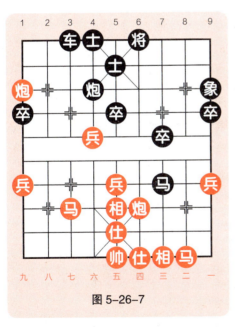

图 5-26-7

如图5-26-7，黑马踩兵是较好的走法。如按照常规走车3进6压马，则红方马二进一，炮4平3；炮九进二，将6进1；兵六平七！至此黑方不敢车3退2，红方可马七进六，有攻势，这个结构，红方整体有利。

⑱ 马二进三，车3进6

⑲ 炮九进二，将6进1

⑳ 兵六进一，炮4平3

㉑ 兵六平七，炮3退2

㉒ 炮九平八，将6退1

㉓ 炮八退九，车3平2

㉔ 兵七平六，卒5进1

至此双方互缠，盘面接近。

六、仙人指路对金钩炮

① 兵七进一，炮8平3

黑方以另一炮置于卒底，盯住挺起的七兵，称为"金钩炮"，有其一定的威力，但也容易使己方双炮侧子力淤塞，为红方所乘。

② 相七进五，车9进2

高边车独特，准备调往右侧，把子力集中。

③ 兵三进一，车9平4
④ 马二进三，马8进7
⑤ 马三进四，象3进5
⑥ 车一进一，马2进4
⑦ 炮八平九

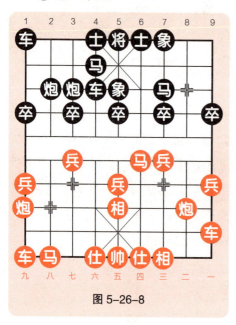

图 5-26-8

如图5-26-8，红方走平边炮，大局观甚强，准备兑掉黑方唯一的明车，这样将来便于发挥自己双兵挺起、马路灵活的特点。

⑦ …… 炮2退1
⑧ 车一平六，车4进6
⑨ 马八进六，马4进2
⑩ 炮九平八

黑方可谓煞费苦心，千方百计调整子力位置，封住红方另一车的出路，不料红方再施兑子之术，解决了这一问题。

⑩ …… 炮2进6

如黑方炮2平9，红方车九平八，以后平炮亮车捉马，红方优势。

⑪ 马六进八，士4进5
⑫ 车九平八，车1平4
⑬ 马八退七，马2退3
⑭ 车八进六，车4进3

黑方进车保卒无奈，舍此也没有更好与红方对抗的办法了。

⑮ 炮二平三，卒5进1
⑯ 车八平九，马3进4
⑰ 仕六进五，炮3退2
⑱ 兵九进一，车4进2

再见这种慢火煎油式的局面掌控，黑方几乎无望了。

⑲ 马四进三，炮3进5
⑳ 马三进五，象7进5

㉑ 炮三进五，炮3进1　　㉒ 车九平七，炮3平9
㉓ 车七平一，炮9平6　　㉔ 炮三平六，士5进4
㉕ 车一平四，炮6平8　　㉖ 车四平五，车4平1
㉗ 车五进一，士6进5　　㉘ 车五退二

自⑱回合开始，黑方在红方的控制下，不得不动，但子力交换的结果，黑方确遭到了灭顶之灾，现在红方胜势已不可动摇。

小练习

第1题：如图，红先，红方如何走较好？

第2题：如图，红先，红方如何获取先手？

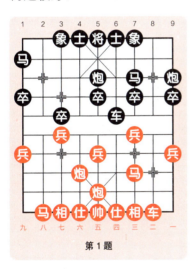

第1题

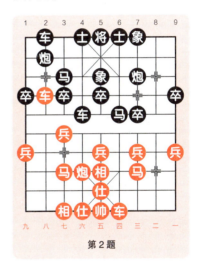

第2题

第3题：如图，红先，红方如何占优？

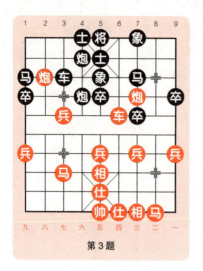

第3题

第4题：如图，红先，红方左翼子力如何定型？

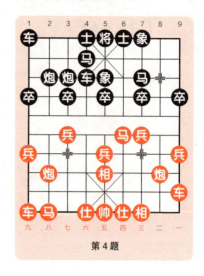

第4题

第六章　相类布局及其中局

　　首着飞相寓功于守，变化多端，可根据局势的发展，要么稳扎稳打，层层渗透，要么大刀阔斧奋力一击。它是"先为不可胜，以待敌之可胜"的现代象棋理论的一种体现。深为许多功力深厚的棋手所喜爱，并常常对该布局乐此不疲。

第27课 飞相局一

一、飞相对左中炮

① 相三进五，炮8平5

用左中炮应付飞相局可谓历史悠久，至今被认为是正统布局之一。

② 马二进三，马8进7 ③ 车一平二，车9平8
④ 马八进七，马2进1 ⑤ 兵三进一，炮2平4
⑥ 车九平八，车1平2 ⑦ 仕四进五（图6-27-1）

红方先补仕是稳正的下法。如误走炮八进四，炮4进5，炮二平一，炮4平7，黑方得子。又如改走炮二进四，车2进6，形成"右刚左柔"的阵势，双方互有利弊。

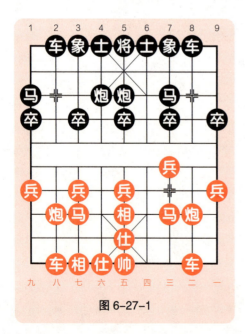

图6-27-1

⑦ ……   车2进4
⑧ 炮八平九，车2平4

黑方也可改走车2进5，马七退八，车8进4，炮二平一，车8进5，马三退二，炮5进4，马八进七，炮5退1，炮九进四，炮4平3，炮一平三，象7进5，炮三进四，炮3进4，马七进五，形成红方稍先的无车棋。

⑨ 炮二进四，卒7进1

红方进炮封车是近几年流行的下法。

过去多下炮二进一，卒1进1，车八进四，士6进5，车八平四，炮5平6，车四进二，象7进5，车四平三，炮6退2，兵七进一，车8进2，车三平四，卒3进1，双方对峙。

⑩ 车八进四，卒1进1
⑪ 车二进四，士6进5
⑫ 炮二平三，车8进5
⑬ 马三进二，象7进9
⑭ 兵三进一，车4平7
⑮ 车八平四，炮4平3
⑯ 车四进一，车7进2

红方进车逼兑抢占要点，是当前盘面下较好的选择。黑方如改走车7平6，马二进四，卒3进1，炮九进三，红方有多兵之利。

⑰ 兵七进一，炮3进3
⑱ 相五进七，车7退1
⑲ 相七退五，车7平8
⑳ 车四平九，炮5平3
㉑ 马七退九，车8进4
㉒ 仕五退四，车8退6
㉓ 炮三退四，车8进1
㉔ 兵九进一，马1进2

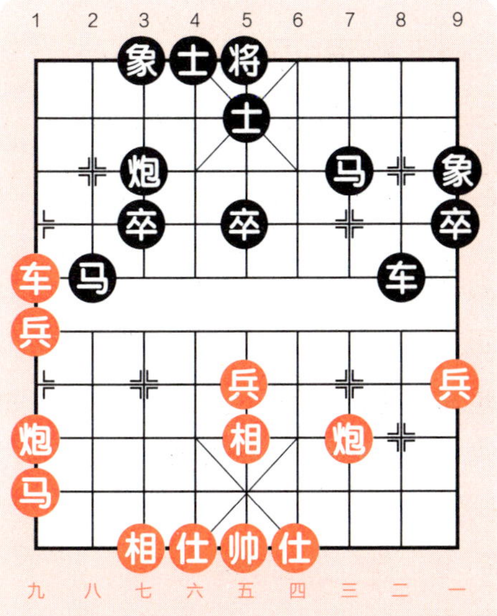

黑方不如改走炮3平6，效果要好于实战。

㉕ 炮九平七，马2进3

如图6-27-2，红方平炮邀兑黑炮，抓住了黑方阵形上的弱点，由此获得主动。黑方如改走炮3进5，马九进七，马2进3，炮三进一，车8平1，兵九进一，马3退4，炮三进三，红方明显占优。

㉖ 车九进一，卒3进1
㉗ 车九平七，炮3平5
㉘ 仕六进五，炮5进4
㉙ 车七进三，红方占优

图 6-27-2

二、飞相对左过宫炮一

① 相三进五，炮8平4
② 马二进三，马8进7
③ 车一平二，车9平8

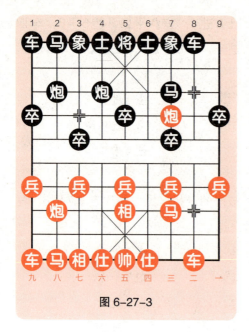

图 6-27-3

黑方出直车也是近年来的流行走法,原来多走卒7进1,兵七进一,车9平8,马八进七,象3进5,车九进一,马2进1,车九平六,士4进5,炮二进四,形成另一路攻防变化。

④ 炮二进四,卒7进1
⑤ 炮二平三,卒3进1(图6-27-3)

黑方进3卒是新式下法,它给黑方布局增添了强大的生命力。老式下法为象7进5,车二进九,马7退8,兵七进一,马2进1,马八进七,车1进1,车九进一,车1平6,车九平六,士6进5,炮三平七,红方先手。

⑥ 马八进九

红方如炮八平七,马2进3,兵七进一,马3进4,兵七进一,马4进6,车二进九,马7退8,炮三平二,炮2进5,马八进九,马6进4(黑方如改走马6进7,车九平八,炮4进5,仕六进五,红方可吃回失子),车九进一,马4退3,车九平六,马8进7,黑方阵形工整,当可满意。

⑥ …… 马2进3
⑦ 车九进一,炮2平1
⑧ 车九平二,车1平2
⑨ 炮八平六

红方先平炮士角避一手是正确的。如改走车二进八,马7退8,炮八平六(如改走车二进九,车2进7,车二平三,炮4进6,黑方优势),马8进9,炮三平四,车2进5,黑方子力活跃,反先。

⑨ …… 车8平9
⑩ 车二进三,车2进7
⑪ 仕四进五,马3进2
⑫ 兵七进一

红方如兵九进一,马2进3,车二平八,车2退2,马九进八,象7进5,炮三平九,车9进1,车二进四,车9平2,炮九平七,马3退1,黑方满意。

⑫ …… 马2进3

黑方弃卒入马寻求复杂是必然的走法,如俗手走卒3进1吃兵,车二平七,象7进5,兵九进一,双方对峙,盘面平稳,就要乏味很多了。

⑫……　马2进3　　　　　　⑬ 兵七进一，马3进2
⑭ 炮六进四，车2平1　　　　⑮ 车二平八，车1进1
⑯ 车八退二，炮1进4　　　　⑰ 兵七进一，马2进4
⑱ 兵七进一，马4退5　　　　⑲ 相七进五，炮4平6
⑳ 兵七进一，车1平3　　　　㉑ 炮六平七，象7进5

双方互有顾忌。

三、飞相对左炮过宫二

① 相三进五，炮8平4　　　　② 马二进三，马8进7
③ 车一平二，车9平8　　　　④ 炮二进四，卒7进1
⑤ 兵七进一

红方在本回合先进七兵，而不是像上局那样平炮压马，是现今比较时髦的攻法。黑方如马7进6，马八进七，卒7进1，炮二平七，车8进9，马三退二，卒7进1，炮八进四，马6退7，马七进六，象3进5，马二进四，红优。

⑤……　马2进1　　　　　　⑥ 马八进七，炮2平3
⑦ 马七进八，马7进6（图6-27-4）　⑧ 炮二退二

红方亦可走车九进一，卒7进1，炮二平三，车8进9，马三退二，卒7进1，车九平四，马6进5，炮八进一，马5进3，车四进五！象3进5（黑方补棋必然，如改走马3退2贪吃，炮三平五，红方弃子夺势大有可为），炮三平五，士4进5，炮八平七，马3退1，马二进四，车1平2，炮五退二，卒1进1，炮七平八，前马退2，马四进五，卒1进1，炮八平三，卒1平2，马五进三，将5平4，炮三平六，马2进4（黑方及时吐回一子是明智的选择，如贪恋多子而改走将4平5，红方马三进二攻势如潮，黑方恐难以抵挡），炮六进四，士5进4，车四平六，士6进5，车六退二，卒2平3，双方基本均势。

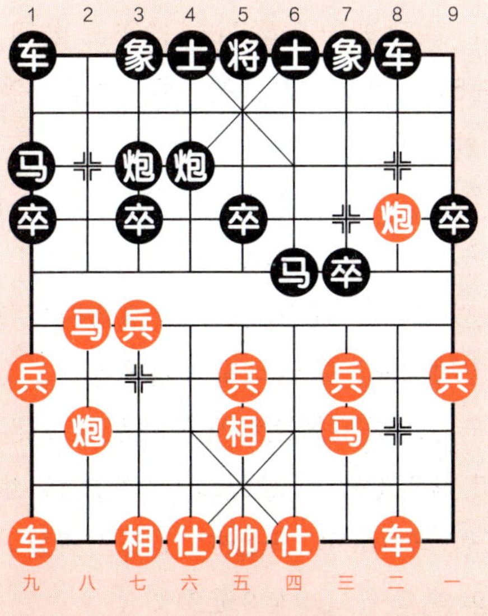

图6-27-4

⑧…… 炮4平5　　　　　　　　⑨ 兵九进一

红方如仕六进五？炮3平4，兵九进一，卒7进1！兵三进一，马6进8，车二进四（红方如兵三进一，准备先弃后取吃回，黑方可马8进6！车二进九，马6进7，帅五平六，炮4退1，车二退一，士4进5，绝杀黑胜），车8进5，马三进二，炮4进3，黑方得子占优。

⑨…… 马6进5　　　　　　　　⑩ 马三进五，炮5进4
⑪ 仕四进五，炮3平5　　　　　⑫ 兵九进一，卒1进1
⑬ 车九进五，车1进1　　　　　⑭ 马八进七，车1平3
⑮ 马七进九，象3进1　　　　　⑯ 车九进二，车3进4
⑰ 炮二进四，车3进4　　　　　⑱ 炮八进七，车3退9
⑲ 车九平八，士6进5

互缠之中，黑方乐观。

四、飞相对挺7卒

① 相三进五，卒7进1　　　　　② 兵七进一，马2进1
③ 马八进七，象7进5　　　　　④ 车九进一，车1进1
⑤ 马二进四，车1平6　　　　　⑥ 车一平三，士6进5

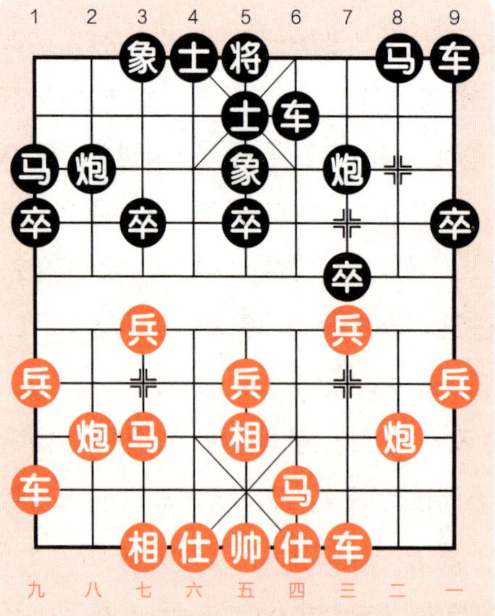

黑方先补士，保留变化。也常有走马8进7，兵三进一，卒7进1，车三进四，士6进5，可参见"对兵局（红方跳马转顺象）"的变化。

⑦ 兵三进一，炮8平7（图6-27-5）
⑧ 炮二退一，车6平8

红炮退一，匠心独运，准备解决拐角马受攻的问题，是近年来的新式走法。黑方平车捉炮是不想让红马顺利跳至二路，如改走马8进9，马四进二，卒9进1，炮二平三，车9平8，马七进六，红方满意。

⑨ 炮二平三，车8进3
⑩ 马七进六，卒7进1

图6-27-5

⑪ 炮三进六，马8进7　　⑫ 车三进四，车8进4

黑方如炮2进3，车三进三，炮2平4，马四进三，红方先手。

⑬ 车九平五

红方巧平花心车，摆脱黑车的牵制。可说是特殊棋形下的好手！

⑬ ……　马7进8　　⑭ 马六进五，马8进9

⑮ 车三退四，车8退4　　⑯ 兵五进一，车9平6

⑰ 马四进三，车8进2　　⑱ 车五平四，车6进8

⑲ 马三退四，炮2进3　　⑳ 兵五进一，马9退8

互缠之中，红方略占先手。

小练习

第1题：如图，黑先，黑方如何得子？

第2题：如图是如何形成的？请写出布局着法。

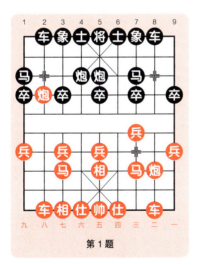

第1题

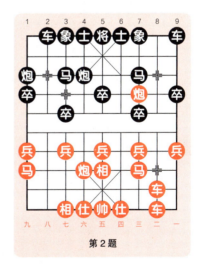

第2题

第3题：如图，黑先，黑方如何取胜？

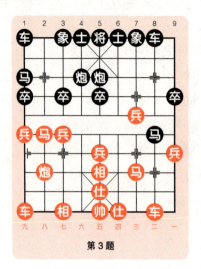

第3题

第4题：如图，黑先，黑方如何应对？

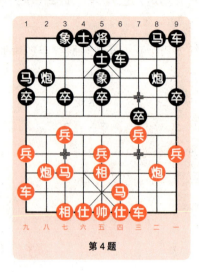

第4题

第28课　飞相局二

一、飞相对挺3卒

① 相三进五，卒3进1　② 炮八平七，象3进5
③ 马八进九，马2进3　④ 车九平八，车1平2
⑤ 兵三进一

红方先进三兵，也是近些年兴起的走法。原先多走车八进四，炮8进2（针对性较强的走法），兵九进一，马8进7，兵三进一，车9进1，仕四进五，马3进2，车八平四，车9平4，马二进三，马2进1，炮七平六，炮2平3，纠缠之中，黑方更为满意。

⑤ ……　马8进9　⑥ 马二进三，炮8平6

黑方如炮2进4，兵九进一，炮8平6，仕四进五，车9平8，车一平四，士4进5，炮二平一，卒9进1，炮一进三，炮2进1，车四进四，红方先手。

⑦ 车一平二，车9平8　⑧ 炮二进四，炮2进6

黑方如炮2进4，兵七进一，卒3进1，炮七进五，炮6平3，炮二平五，士6进5，车二进九，马9退8，相五进七，马8进7，炮五退一，红方略优。

⑨ 马三进四，士6进5　⑩ 炮二进一，卒9进1

黑方挺边卒似较为缓慢，不如车2进7积极。以下马四进三，士5退6，车二进一（图6-28-1），炮6平7，黑方平炮挡马稳健（如改走车2平1贪吃子，则红方车八进一，车1平3，马三进四，车8进1，车八进七！马3退2，车二平四，士6进5，炮二平五，将5平6，炮五平一，将6进1，兵三进一，红方大优），以下车八进一，车2进1，车二平八，车8进2，兵九进一，车8进1，马三退四，车8平

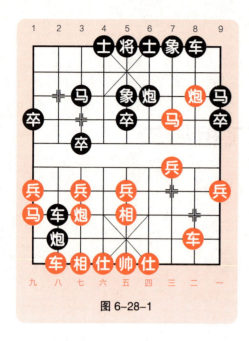

图 6-28-1

6，车八进三，车6进1，双方平稳，红方稍好。

⑪ 炮七退一，炮2退2

⑫ 兵七进一，卒3进1

⑬ 相五进七，炮2平9

黑方主动兑车，造成步数亏损较多，不如改走炮6平7坚守待变。

⑭ 车八进九，马3退2

⑮ 马四进三，炮6进4

⑯ 兵五进一，卒9进1

⑰ 相七退五，炮6平5

⑱ 相五退三，马2进3

⑲ 兵三进一，炮5平4

黑方如象5进7，马三进一，红方要得子。

⑳ 马九进七，炮9平3　　㉑ 炮七进六

红方掌控了局势，大优。

二、飞相对右士角炮

① 相三进五，炮2平4

用右士角炮应对飞相局是现今最流行的走法，黑方能构造成相对理想的多种阵形来与红方相抗衡。

② 兵七进一，马2进1　　③ 马八进七，车1平2

④ 车九平八，车2进4　　⑤ 炮八平九，车2平4

⑥ 炮二平四

红方平角炮是想营造理想的结构，红方四路炮可保护七路马，以后还有让己方二路马跳起蹬黑方寻河车的可能，可谓攻守两利。

⑥ ……　马8进7　　⑦ 马二进三，卒7进1

⑧ 车一平二，车9平8

黑方先出车，稳正。如急于反击走卒7进1，兵三进一，马7进8，车二平一，炮8平7，兵三进一，车4平7，马三进四，车7平5，马四进二，车5平8，车一平三，象7进5，炮九进四，红方明显占优。

⑨ 车二进四

红方也可改走兵九进一，士6进5（如炮8进4，仕四进五，士6进5，兵三进一，卒7进1，相五进三，车4平7，相七进五，象7进5，兵五进一，红方先手），仕四进五，象7进5，车八进四，卒7进1，兵三进一，马7进8，车二平一，炮8平9，车一平二，炮9平8，双方不变做和。

⑨ …… 炮8平9

⑩ 车二进五，马7退8

⑪ 车八进一，马8进7

黑方如车4平6，马七进六，车6平4，马六退七，车4平6，马七进六，车6平4，黑方两捉对红方一捉一闲，黑方要变着。

⑫ 车八平二，卒1进1

⑬ 车二进三，马1进2

⑭ 兵三进一，车4平6

⑮ 仕四进五，象7进5（图6-28-2）

⑯ 兵一进一，炮9退1

红方挺边兵，构思深远，细腻之极。如改走兵三进一，车6平7，马三进四，炮9进4，黑方有反先趋势。

⑰ 兵三进一，车6平7

⑱ 马三进一，炮9平1

⑲ 马一进三，士4进5

⑳ 炮四平三，车7平6

㉑ 车二进二，炮1进2

㉒ 车二退三，炮1退2

㉓ 兵五进一，马2退4

㉔ 兵五进一！卒5进1

㉕ 车二进三，马4进5

㉖ 炮九进三，车6进2

㉗ 马三进五，红方优势

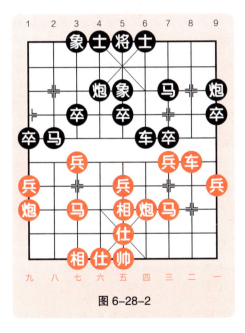

图6-28-2

三、飞相对左士角炮

① 相三进五，炮8平6 ② 马二进三，卒7进1

③ 兵七进一，马8进7 ④ 马八进七，车9平8

⑤ 车一平二，马2进3　　⑥ 马七进六，车1进1
⑦ 炮八平六，炮2进3　　⑧ 马六进七，车1平4
⑨ 仕四进五，炮2进1　　⑩ 车九平八，炮2平7（图6-28-3）
⑪ 兵七进一

红方也可改走炮二进二，卒7进1，相五进三，车4进3，马七退六，车4平7，相三退五，象7进5，兵五进一，马7进6，马六进五，车7退1（黑方如改走马7进5，兵五进一，马5退7，兵五平四，车7平6，车八进六，红方优势），炮二平四，车8进9，马三退二，马6退4，马五退六，马4进5，车八进三，马5进4，仕五进六，士4进5，红方稍好。

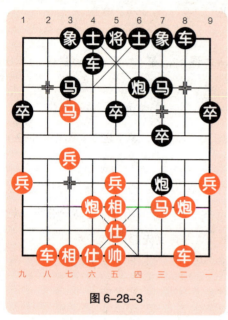

图6-28-3

⑪ ……　　车8进6
⑫ 车八进四，马7进6
⑬ 兵七平八，炮6进1
⑭ 兵八进一，车4进3
⑮ 炮二平一，车8进3
⑯ 马三退二，马3退5

黑方退窝心马，正确。如贸然走马6进5，车八平五，马5进3，车五平七，黑方有丢子之忧。

⑰ 炮一平三，炮6平3　　⑱ 兵八平七，象7进5
⑲ 车八平四，炮7平1　　⑳ 兵一进一，马5进7，红方略好

四、飞相对进正马

① 相三进五，马2进3　　② 兵七进一，炮8平5
③ 炮八平七，象3进1

黑方飞边象防止红方七兵渡河是必要的。曾出现过不补棋而直接卒5进1寻求对攻的局面，以下兵七进一，炮5进4，仕四进五，马3进5，兵七平六，卒5进1，马八进九，炮5平2，马九进七，卒5进1，兵六平五，马5进3，炮七进三，卒3进1，马七进五，象3进1，马二进三，红方明显主动。

④ 马二进三，马8进7　　⑤ 车一平二，车9平8
⑥ 炮二进四，卒7进1　　⑦ 炮七进四，炮2进6
⑧ 车九进一，车1平2　　⑨ 炮七平八，炮2退1
⑩ 马八进七，卒5进1（图6-28-4）

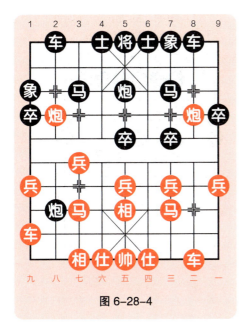

图 6-28-4

黑方进中卒是改进后的下法，曾有走马3进4的下法，红方车九平八，马4进6，炮二平四，马6进7，车二进九，马7退8，车八进一，马7退5，兵七进一，车2平3，兵七进一，马5退3，车八进三，红优。

⑪ 炮八平七，士4进5
⑫ 炮二平三，象7进9
⑬ 车二进九，马7退8
⑭ 车九平六

红方平车守肋是稳健的下法。如急于强攻而走炮三进二，车2进3，车九平二，车2平3，车二进九，车3平4，炮三平一，将5平4，炮一进一，将4进1，车二退二，象9退7，仕四进五，马3进2，红方子力脱节，左翼弱点难以弥补，局面艰难！

⑭ ……　　马8进7　　⑮ 车六进四，车2平4
⑯ 车六进四，将5平4　　⑰ 仕四进五，马3进5

双方接近均势，红方稍占主动。

 小练习

第1题：如图，黑先，黑方走什么可以满意？

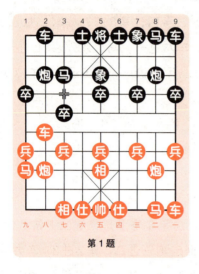

第1题

第2题：如图，红先，红方如何运子可以达到较理想的结构？

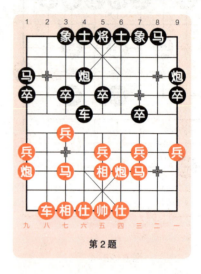

第2题

第3题：如图，黑先，黑方如何下能获得对抗之势？

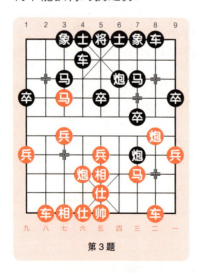

第3题

第4题：如图，黑先，黑方有哪两种处理办法？

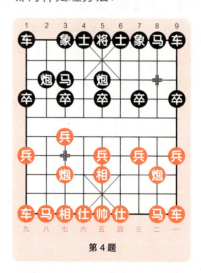

第4题

第七章 马类布局及其中局

红方跳马开局（跳正马或跳边马），旨在较量中残局功力，避免棋局过早进入尖锐盘面，属于拉长战线的下法。近年来已为很多棋手广泛采用。在实战运用中，效果还是不错的，正在发展为流行布局之一。

第29课 起马局

一、起马对挺卒一

① 马八进七，卒3进1
② 兵三进一，马2进3
③ 马二进三，车1进1
④ 车九进一，车1平7
⑤ 炮八进四，卒7进1
⑥ 炮八平七，卒7进1

黑弃底象过7卒，进入混战局面，是比较积极的下法。如改走象3进5，车九平八，炮2退2，马三进四，炮2平3（如改走卒7进1，马四进六，炮2进1，炮二平五，炮8平6，马六进七，炮6平3，炮五进四，炮2平5，炮五平九，炮3平1，车一平二，红方有利），炮七进三，象5退3，炮二平五，卒7进1，车一平二，车9进2，车八平三，红先。

⑦ 炮七进三，士4进5
⑧ 车九平八，卒7进1
⑨ 马三退五，车7进3
⑩ 炮七平九，炮2进2
⑪ 兵九进一，炮8进4（图7-29-1）

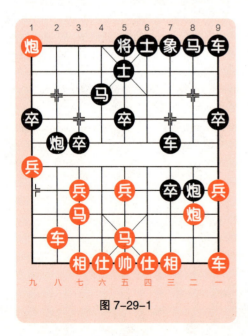

图7-29-1

红方进边兵，准备扑马边陲，威胁黑方2路炮，进而攻击黑方底线，可谓曲径通幽。黑方进炮窥视红方中兵，也是欲意阻止红方跳边马。

⑫ 马七进九！

红方明知山有虎，偏向虎山行，下得精彩！如畏惧黑打中兵，不敢跳边马，而走车一进二，马8进7，炮二退一，车7平4，车一平二，炮8进2，车二退一，马7进6，马七进九，马6进5，马五进七，马5进3，马九退七，车9进2，马七进九，车9平4，仕四进五，前车进4，车八进一，卒3进1！马九进七，前车退3，黑方优势。

⑫ …… 炮8平5　　　　　　　　⑬ 马五进六，车9进2

⑭ 兵九进一，车9平4　　　　　⑮ 马九进八，马3进2

⑯ 车八进四，车4进4　　　　　⑰ 车八进四，士5退4

⑱ 炮二平六！车4进1

红方再出妙手，车口献炮。在此对攻局势下，红方速度明显快出不少。

⑲ 车八退七，士4进5　　　　　⑳ 车八平六，炮5退2

㉑ 车一进一，卒7平6　　　　　㉒ 车六平八，卒6平5

㉓ 仕六进五，将5平4　　　　　㉔ 车八进四，卒5平4

㉕ 相七进五，炮5平1　　　　　㉖ 车八平九，红方胜势

二、起马对挺卒二

① 马八进七，卒3进1　　　　　② 炮二平五，马8进7

③ 马二进三，车9平8　　　　　④ 车一平二，马2进3

黑方也有炮8进4的下法，则兵三进一，马2进3，马三进四，象3进5，兵三进一，炮8进1，马四进二，炮8平3（可走炮8平7，黑方比较乐观），炮五平二，车8平9，兵三进一，马7退8，马二进四，炮3平7，炮二进五，车1平3，炮二平三，马8进9，炮三退五，红方得回失子占优。

⑤ 车二进四，炮8平9　　　　　⑥ 车二进五，马7退8

⑦ 兵三进一，象3进5　　　　　⑧ 车九进一，士4进5

⑨ 车九平二，马8进7　　　　　⑩ 炮八进四，车1平4

红炮过河，准备平炮取卒，是针对黑方阵形比较理想的进攻方式。黑方也可改走卒7进1，兵三进一，象5进7，车二进六，车1平3，马三进二，马7进6，炮五平三，马6进7，车二进一，象7进5，炮八退五，马3进4，炮八平三，炮9平7，马二进一，双方纠缠甚紧，优劣难判。

⑪ 炮八平三，车4进7　　　　　⑫ 车二平八，炮2进2

⑬ **车八进一**，炮9平8

⑭ **仕六进五**，车4退2

⑮ **兵五进一**，炮8进4（图7-29-2）

黑方进炮是比较细致的走法，如改走车4平5，马七进五，车5平4，兵七进一，卒3进1，车八平七，红方子力趋于活跃。

⑯ **相七进九**，车4进1

⑰ **马七进五**，卒1进1

⑱ **兵一进一**，马7退9

⑲ **炮五平七**，马9进8

⑳ **兵七进一**，炮2进2

㉑ **马五退四**，炮8平7

㉒ **炮三退三**，炮2平7

㉓ **兵七进一**，马4进5

㉖ **马三退五**，象5进3

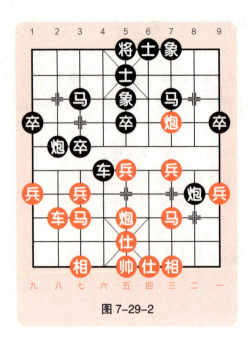

图 7-29-2

㉓ **马三进五**，马3进4

㉕ **马四进三**，马5退7

㉗ **马五进四**，红方稍先

三、起马对挺卒三

① **马八进七**，卒3进1　　② **炮二平四**，马8进9

红方平士角炮，准备营造协调的阵形，也是众多棋手乐于选择的变化之一。

③ **马二进三**，车9平8　　④ **车一平二**，马2进3

黑方如改走炮8进4，以下兵三进一，炮2平5，炮八进六，车1进1，车九平八，车8进1，马三进四，车8平2，车八进八，车1平2，车二进三，车2进4，马四进五，马2进3，炮四平五，马3进5，炮五进四，士4进5，相七进五，车2退2，炮五退二，车2平5，红方稍优。

⑤ **兵三进一**，卒9进1

黑方亦可车1进1，以下炮八进四，车1平6，仕六进五，象3进5，相七进五，卒9进1，炮八平三，炮2进2，车二进六，炮8平7，车二进三，马9退8，车九平六，车6进2，马三进二，士6进5，双方对峙，红方稍好。

⑥ **相七进五**，士4进5（图7-29-3）　　⑦ **炮八退一**，炮2进2

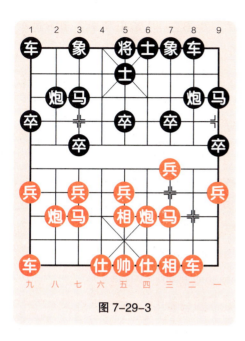

图 7-29-3

红方左炮退一是类似局面下经常采用的战术手段。准备左炮右移，移形换位，并针对黑方9路边卒的弱点予以攻击。

⑧ 炮八平一，卒7进1

黑方如马9进8打车，红方可炮一平二，黑方无趣。

⑨ 车九平八，卒7进1
⑩ 相五进三，象3进5
⑪ 相三退五，车1平4
⑫ 车八进四，马9进8
⑬ 炮一平二，炮8进6
⑭ 车二进一，马8退7
⑮ 车二进八，马7退8
⑯ 车八平七，马3进4
⑰ 炮四退一，炮2进5
⑱ 炮四平三，炮2平4
⑲ 车七平六，马7进6

⑯ 兵七进一，卒3进1
⑱ 马七进六，马8进7
⑳ 相五退七，炮2退7
㉒ 相三进五，炮4进3
㉔ 车六平五，马4退3

接近均势，红方略好。

四、起马对挺卒四

① 马八进七，卒3进1
② 炮八平九，马2进3
③ 车九平八，车1平2
④ 车八进六，炮2平1
⑤ 车八平七，马8进7
⑥ 炮二平五，车2进6

红方还架中炮是比较刚猛的下法，黑方也是直接飞车过河，立意反击。双方均是准备以快打慢，战法积极。

⑦ 马二进三，车2平3
⑧ 车一平二，车9平8
⑨ 马三退五，炮1退1
⑩ 车二进六，炮1平3（图7-29-4）
⑪ 车七平八

红方避车外肋，细腻。如改走车七平六，炮3平6，车二平三，马3退5，车

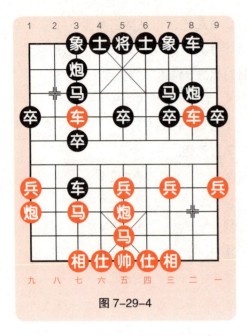

图 7-29-4

六平九，炮6进4，炮五平四，炮8进4，炮四平二，炮8平5，马七进五，车3平5，炮二平五，车8进6，黑方足可一战。

⑪ …… 炮8平9
⑫ 车二进三，马7退8
⑬ 炮九退一，车3退1
⑭ 炮九平七，车3平6
⑮ 马七退九，车6退3

红方退马好手，黑方退车不得已。如改走马8进7，炮五平七，黑方要丢子。

⑯ 炮五进四，卒3进1

黑方如马3进5，车八平五，象7进5（如改走炮3平5？炮七进八，红胜），炮七进七，红方得子。

⑰ 马九进八，卒3进1
⑱ 炮五退二，将5进1
⑲ 车八进二，炮9退1
⑳ 马五进三，将5平6
㉑ 仕六进五，卒7进1，红方优势

五、起马局对左中炮

① 马八进七，炮8平5

用中炮应对进马局，势必形成先手屏风马对中炮。从理论上来说，后手方是要亏一些的。

② 马二进三，马8进7
③ 车一平二，车9平8
④ 兵三进一，车8进4
⑤ 炮八进二，车8平6

红方通过进三兵再升巡河炮，形成了理想的攻击阵形。

⑥ 相七进五，卒3进1
⑦ 马三进二，马2进3
⑧ 炮二平三，马7退5
⑨ 马二进三，炮5平7
⑩ 仕六进五，马3进4
⑪ 炮八平六，车1平2
⑫ 车九平八，炮2进1

黑方在布局不利的情况下，通过退马窝心、平炮顶马等手段，极尽腾挪之能

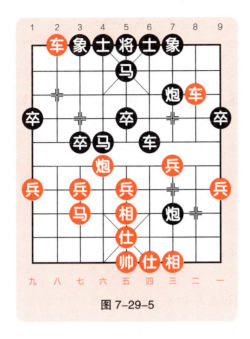

图 7-29-5

事，可谓煞费苦心。此步进炮瞄马准备伺机一车换二，摆脱牵制。

⑬ 车二进七，炮2平7
⑭ 车八进九，炮7进4（图7-29-5）
⑮ 车八退一

红方为取胜，弃马寻求更积极的下法。也可改走马七退六，忍让一手，红方稳占优势。

⑮ ……　　马4退6
⑯ 车二退一，车6平4
⑰ 炮六平五，马6进5
⑱ 兵五进一，前炮平3
⑲ 车八退六，炮3进1
⑳ 车二平五，象3进5

红方虽少一子，但双车占位较佳，又多双兵，综合评价，红方占优。

六、进边马对左中炮

① 马八进九，炮8平5
② 马二进三，马8进7
③ 车一平二，车9平8
④ 炮二进四，卒7进1
⑤ 车九进一，卒3进1

黑方如马7进6，车九平四，马6进5，马三进五，炮5进4，车四进五，马2进3，炮八平二，车8平9，红方弃空头炮，打回黑车，子力活跃，有先手。

⑥ 相三进五

红方如炮二平三，车8进9，炮三进三，士6进5，马三退二，炮5进4，车九平二，炮2平5，炮八平二（红方不可改走炮三平一，否则前炮平9，红方丢子），车1进2，炮二进七，马7退8，车二进八，马2进3，炮三平六，士5退6，炮六平四，后炮平6，炮四平七，将5进1，红方净得黑方士象，的确"过瘾"。但由于双马过慢，总体来看，黑方较好。

⑥ ……　　马2进3
⑧ 炮二平三，车8平9
⑦ 车九平二，马3进4
⑨ 车二进三，马4进5

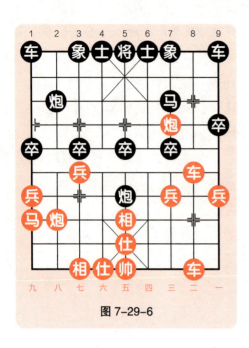

图 7-29-6

⑩ 仕四进五，卒1进1
⑪ 马三进五，炮5进4
⑫ 兵七进一，卒5进1（图7-29-6）

黑方没有"逆来顺受"接受红方的兑兵，而是强挺中卒，开拓车路，放红方七兵渡河。争胜的决心跃然于枰上！

⑬ 兵七进一，车1进3
⑭ 炮三平七，马7进5
⑮ 车二平七，车9进2
⑯ 兵七平六，马5退4
⑰ 兵六进一，象3进1
⑱ 车七退一，炮5退1
⑲ 车二进六，炮2平3
⑳ 车七平五，车1平2

黑方机会较多。

第1题：如图，红先，红方如何抢先？

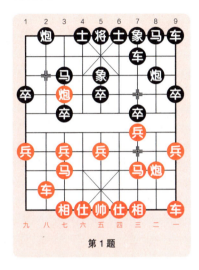

第1题

第2题：如图，红先，红方如何定型？

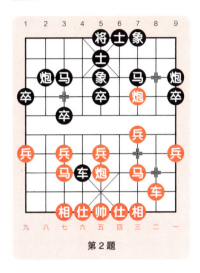

第2题

第3题：如图，红先，红方面对黑炮打车应该怎样走？

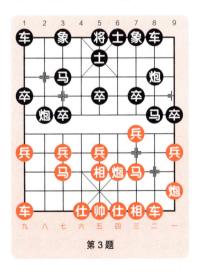

第3题

第4题：如图，红先，红方如何扩大先手？

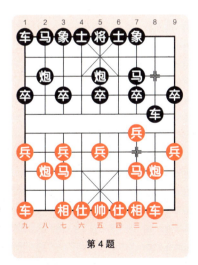

第4题

第八章　实战对局

在前面29课的学习中，我们对象棋的开局、中局、残局都有了一定的了解，在本书的最后一部分，我们来欣赏一些弈于不同时期的精彩对局。相信看完对局后，读者朋友们对象棋的认识会更加深入，对棋局各阶段技巧的应用更加自如。

第30课　名局精解

一、胡荣华红先胜刘星

1975年弈于上海（第三届全运会预赛）。胡荣华是中国象棋界富于传奇色彩的人物，象棋特级大师，共14次获得全国个人赛冠军，是获得全国个人赛冠军最多的棋手，并且是最年轻（15岁）和最年长（55岁）的冠军纪录保持者。他对象棋的发展起到了极其重要的作用，是象棋界的一代宗师。刘星是广东队棋手，象棋大师。

① 炮二平五，炮8平5　　② 马二进三，车9进1
③ 车一平二，马8进7　　④ 马八进七，马2进3
⑤ 兵七进一，车9平4　　⑥ 兵三进一，炮2平1

平边炮在当年并不多见，现在则已发展成一个套路的变化。

⑦ 车九平八，车1平2

车被封住，黑方还是明显吃亏的，不如车4进5；马三进四，车4平3；马四进六，车3进1；马六进七，双方对攻，变化复杂。

⑧ 炮八进四，车4进6　　⑨ 车八进二，车4退3

黑方稍事骚扰，再退回巡河，其目的还是要兑卒活马。

⑩ 车二进八

如图8-30-1，红方进车下二路，感觉锐利，攻击准确。如不采取相应的手段，听凭黑方兑起3、7卒，红方局势反不乐观。

⑩ ……　　卒7进1

如黑方卒3进1，红方车二平七，马7退5；炮八平七，车2进7；炮五平八，红方下一步车七平六,黑方难下。

⑪ 车二平三,马3退5

⑫ 炮八进一! 象7进9

黑方飞边象为无奈之举,如改走卒7进1,则红方炮八平三,车2进7;炮三进二,马5退7;炮五平八,红方大优。又如黑方炮1退1? 炮八平三,车2进7(如走炮1平7,红方炮五进四,象7进9,车八进九,红方胜势);炮五进四,象7进9;车三平二,红胜。

⑬ 炮八平三,车2进7

⑭ 炮三平九

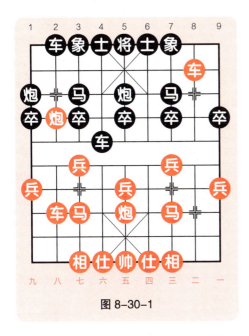

图 8-30-1

如图8-30-2,红方不吃车,反吃炮是计算好的下法,黑方如车2平3,红方炮九平一,黑方难以抵挡。

⑭ …… 车2退5

黑方只能如此,如改走象3进5,红方炮五进四,车4平5;车三退二,卒7进1;马七进六,红方大优。

⑮ 炮九平五,车2平5

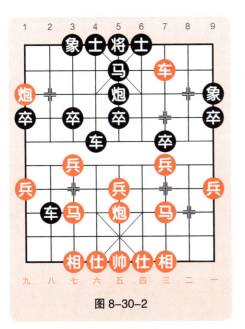

图 8-30-2

⑯ 兵五进一! 卒7进1

⑰ 兵五进一,车4平5

红方着法嫌急,不如车三退四,车4平7? 车三进一,象9进7;兵五进一,红方优势。

⑱ 马三进五,前车平7

⑲ 车三退三,象9进7

⑳ 马七进六,卒7平6

黑方贪小失大,应立刻车5平4;马六进五,象3进5;后马进三,马5退3,黑方可渡过危机,足可一战。

㉑ 马六进五,象7退9

如黑方卒6进1,红方马五退三,红

237

方胜势。

㉒ 炮五退一

如图8-30-3，红炮退一，妙不可言，黑方中路的问题难以解决。

㉒ …… 卒6平5

如卒6进1，红方后马进六，车5进1；马六进八，车5进5；帅五进一（炮五退一的作用），绝杀红胜。

㉓ 后马进三，车5平8
㉔ 马五进四，车8平2

如黑方车8平6，马三进五，黑方亦败势。

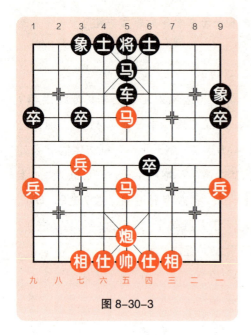

图 8-30-3

㉕ 马四退三，车2平7
㉗ 马三退四，卒5进1
㉙ 马五进七，车5平3
㉖ 前马退五，象9进7
㉘ 马四进三，车7平5

这段着法，红方双马盘旋，犹如彩蝶穿花，上下翻飞，黑方徒有大车，亦无济于事，真是"累死车"了。此步也可走马三退五，吃卒胜定。

㉚ 马三进五，象3进1
㉛ 马七退八，车3平5
㉜ 马八退七，车5进1
㉝ 马七进五，马5进6
㉞ 后马进四

红方合击到位后，黑方已无力再守，至此，为解杀棋，被迫丢车，遂认负，红胜。

二、陶汉明红先负许银川

此局选自1995年民百杯精英赛。许银川是目前中国象棋界最具实力的棋手，象棋特级大师，曾六夺全国冠军，并保持着国内多项比赛的冠军头衔。陶汉明曾获全国冠军，象棋特级大师。

① 炮二平五，马8进7
② 马二进三，车9平8
③ 车一平二，马2进3
④ 兵三进一，卒3进1
⑤ 马八进九，卒1进1
⑥ 炮八平七，马3进2

⑦ 车九进一，象3进5

黑方亦可走象7进5或卒1进1，均是流行变化。

⑧ 车二进六，车1进3　　⑨ 车九平六，炮8平9

⑩ 车二平三，炮9退1

红方平车压马，想保持复杂变化。如走车二进三，马7退8；马三进四，马8进7；马四进三，士4进5，双方盘面相对平稳，互有攻守。

⑪ 兵三进一，炮9平7　　⑫ 车三平四，炮7进3

⑬ 马三进四，士6进5　　⑭ 车四进二，炮7平6

红方进车似嫌急，不如车六平三好，黑方炮2进1；车四进二，车8进9；相三进一，炮2退1；炮七进三，互缠之势。黑方平炮顶马，有效地消除对方的攻势，并伏有车8进5的反击手段。

⑮ 兵五进一，车8进5

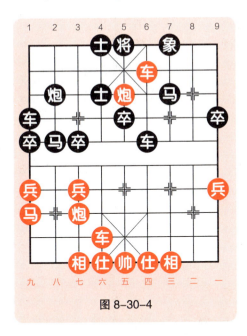

图 8-30-4

⑯ 马四退三

红方左思右想，不得已退马，如改走兵五进一，车8平6；兵五平四，车6退1；炮五进五，士5进4！如图8-30-4，黑方支士妙手解围，红方反变得尴尬。如车四退三？炮2平5；仕四进五，马7进6，黑方胜势；红方只能炮五平八，车6退3；炮八平三，黑方满意。

⑯ ……　车8平5

⑰ 炮五退一，炮2退1

红方一直在筹划猛攻黑方中路，此手退炮也是准备炮七平五打车轰象，着法甚凶，而黑方又如何应付呢？请看许银川的杰作。

⑱ 车六进七，车1平4！！

如图8-30-5，太妙了！黑方同时献车炮于红方车口，而红方却不可去吃，因为如果红方车六退二，炮2平6，炮七平五，后炮进2，黑方马炮棋占优。或改走车六平八，炮6平5；相三进五，车5平4，黑方胜势。

⑲ 炮七进三，炮2平3　　⑳ 车六退二，炮3平6

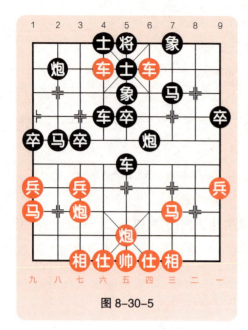

图 8-30-5

红方也没有慌乱，显示出冠军级棋手的极佳气质。飞炮打卒走得顽强，此步也是正着。如改走车六平七，炮6平5；车七平六，士5进4！仍是黑方厉害。

㉑ 相三进五，车5平2

㉒ 炮五平三，前炮平5

红方改走炮五平七好一些。

㉓ 仕四进五，炮6平7

㉔ 炮三进六，炮7进6

㉕ 炮三退四，车2平8

如红方车六平五，黑方有车2平5叫抽车的手段，红方不好下。

㉖ 帅五平四，车8平6

㉗ 帅四平五，车6进1　　㉘ 炮三进一，将5平6

㉙ 炮三平五，炮7平1　　㉚ 车六平五，炮5进3

如红方相七进九，马2进3，红方也难应，至此，红方丢子亦呈败势，遂认输。

三、赵国荣红先和李来群

此局选自1991年第二届世界象棋锦标赛。赵国荣和李来群均是老牌象棋特级大师，多次全国冠军获得者，是名满弈林的棋坛"大腕"，让我们来看看二人之间一盘龙争虎斗的对局。

① 炮二平五，马8进7　　② 马二进三，车9平8

③ 车一平二，马2进3　　④ 兵七进一，卒7进1

⑤ 车二进六，炮8平9　　⑥ 车二平三，炮9退1

⑦ 马八进七，士4进5　　⑧ 炮八平九，车1平2

⑨ 车九平八，炮9平7　　⑩ 车三平四，马7进8

⑪ 车四进二，炮7进5

红车进两步是较早的下法，除此还有炮五进四、炮九进四、车八进六、马三退五等变化。

⑫ 相三进一，炮2进4　　⑬ 兵五进一，卒7进1

⑭ 相一进三，炮7平3

平炮封住兵线，并防止红方车四退五，是准确的走法。

⑮ 兵五进一，卒5进1

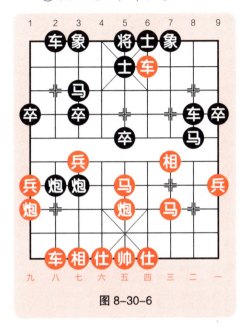

图 8-30-6

⑯ 马七进五，车8进3（图8-30-6）

红方弃中兵后，左马盘中。黑方没有炮2平5抽将，红方可炮五进三，象3进5；车八进九，马3退2；马三进五，红优。面对红方马五进六踩双的威胁，黑方进车为精巧之着，算好可先弃后取，与红方对抗。

⑰ 马五进六，车8平4

⑱ 马六退七，车4进3

⑲ 车八进一，车4平3

⑳ 车八平四，马8退7

㉑ 炮九平八，炮2平9

如红方前车退一，象3进5；前车平三，车3进3，黑方弃子有攻势。

㉒ 马三进一，车2进7   ㉓ 炮五平三，车3平7

红方平炮打马求变，如改走马一进二，车2平5；相三退五，马7进8，和势。黑方如改走车3平9，则红方炮三进五，马3进5；前车退二，红优。

㉔ 相七进五，马3进5

黑方先跳马蹬车下得细致，如改走车2退1，红车进一后，伏马一退二的着数。

㉕ 车四退二，车2退5   ㉖ 后车进一，卒5进1

㉗ 马一退二，车7平4

如图8-30-7，红方如炮三进五，马5进4；炮三退一？车4进3；帅五平六，马4进3；帅六平五，车2进7，黑胜。

㉘ 仕四进五，马5进6   ㉙ 炮三进一，象7进9

㉚ 炮三进四，车2平7   ㉛ 前车平七，车4平1

黑方弃象嫌急，不如象3进5；车七平九，车7平8；马二退四，车4平9，有赢棋机会。

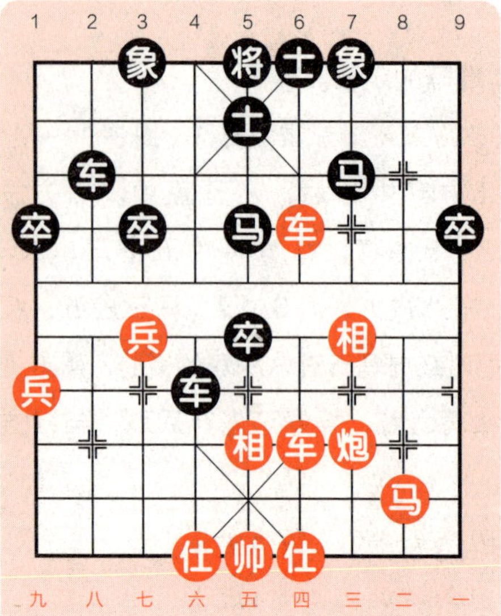

图 8-30-7

㉜ 车七进三，士5退4
㉝ 车七退三，车7平8
㉞ 马二退四，卒9进1
㉟ 车七平一，车1平9
㊱ 车一平九，士6进5
㊲ 兵七进一，卒9进1
㊳ 车九退二，车9平5
㊴ 马四进三，车5平7
㊵ 马三退四，车8平5
㊶ 车四平二，车7平6
㊷ 马四进三，车6平7
㊸ 马三退四，车7平6
㊹ 马四进三，车6平7
㊺ 马三退四，卒9进1
㊻ 车二进七，士5退6
㊼ 车二退四，卒9平8
㊽ 兵七平六，车7平6
㊾ 兵六平五，车6平5
㊿ 马四进二，马6进7
(51) 马二退四，马7退6
(52) 马四进二，马6进7
(53) 马二退四，卒8平7

黑方无法进一步获取优势，只好接受兑马。

(54) 马四进三，卒7进1
(55) 兵五平六，士6进5
(56) 车二平五，后车平6
(57) 车九平五，车5平8
(58) 相五退三，卒7进1
(59) 后车退二，车6进3
(60) 前车退一，车6进1
(61) 后车平四，和棋

将 小练习

请试记录自己下的一盘棋，并进行评注。

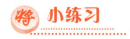

第1课

第1题：摆完着法后的棋盘子力如下图。

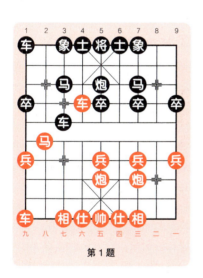

第1题

第2题：叫"羊角士"。

第3题：红炮不能吃掉黑车。因为中间隔着两个红兵，炮只有隔一个子才能去吃子。

第4题：象棋当中双方共有32个棋子，每方16个棋子，有7个兵种，分别是车、马、炮、仕（士）、相（象）、兵（卒）、帅（将）。

第2课

第1题：

① 车五进五，黑炮必丢

第2题：

① 帅五平四，将6退1
② 车五进二，马7退9
③ 车五平一，马9退8
④ 车一进四，将6进1
⑤ 车一退一，将6退1
⑥ 车一平二，将6平5
⑦ 车二平四，士6退5
⑧ 帅四平五，将5平4
⑨ 车四平五，红胜

第3课

第1题：

① 车八平六，将4平5
② 帅五平六，将5进1
③ 车六平五，将5平6

④ 帅六平五，将6退1

⑤ 车五平四，将6平5

⑥ 车四退一，吃卒红胜

第2题：

① 帅五平六，炮3平2

② 车五进三，炮2平4

③ 帅六进一，得士红胜

第4课

第1题：

① 帅五平四，将5进1

② 马五进三，将5平4

③ 帅四平五，将4退1

④ 马三进五，将4进1

⑤ 马五退四，将4进1

⑥ 帅五进一，红胜

第2题：

① 马二退一，士5退4

② 马一进三，将6进1

③ 马三进四，将6退1

④ 马四退六，士4进5

⑤ 马六退五，将6进1

⑥ 马五进七，士5进4

⑦ 马七退六，士4退5

⑧ 马六进四，士5退4

⑨ 马四进二，士4进5

⑩ 马二进三，将6退1

⑪ 马三退五，吃士红胜

第3题：

① 马三进五，卒3进1

② 马五进六，将6平5

③ 马六退七，吃卒红胜

第4题：

① 帅六平五，象9进7

② 马七退六，将6进1

③ 马六进四，将6退1

④ 帅五进一，象7退9

⑤ 马四进二，得象红胜

第5课

第1题：

① 炮八平五，红胜

第2题：

① 炮四进六，红胜

第3题：

① 炮二退三，士4进5

② 炮二平五，士5进6

③ 帅六进一，将5进1

④ 仕四退五，将5平6

⑤ 帅六平五，士6退5

⑥ 仕五进四，士5进6

⑦ 炮五平四，得士红胜

第4题：

① 仕五进六，将4进1

② 帅五平四，将4进1

③ 帅四进一，将4进1

④ 炮二退二，卒4进1

⑤ 帅四退一，将4平5

⑥ 仕六退五，卒4平3

⑦ 炮二退一，将5退1

⑧ 炮二平七，吃卒红胜

第5题：

① 帅五平六，将4进1

② 炮五平六，吃炮红胜

第6题：

① 炮三平五，象9退7

② 帅六进一，象7进9

③ 炮五退一，象9退7

④ 炮五平六，吃士红胜

第6课

第1题：

① 兵三平四，士5进6

② 帅五平六，士6退5

③ 仕五退四，士5进4

④ 帅六进一，将5平4

⑤ 兵四平五，红胜

第2题：

① 兵四平五，红胜

第3题：

① 相五进七，红胜

第4题：

① 帅五平六，将4退1

② 兵四平五，红胜

第7课

第1题：

① 车四进四，将5进1

② 兵七平六，将5平4

③ 车四平五，车5退2

④ 兵六平五，将4平5

⑤ 兵五平四，将5平4

⑥ 帅四平五，将4退1

⑦ 兵四平五，将4进1

⑧ 帅五进一，红胜

第2题：

① 相七退九，车1平3

② 兵六平五，士6进5

③ 车八平三，将5平4

④ 车三进五，将4进1

⑤ 车三平七，得车红胜

第3题：

① 兵四平五，将4进1

② 车五进四，将4进1

③ 兵五平六，车4平1

④ 兵六平七，车4进1

⑤ 车五进一，将4退1

⑥ 车五平六，红胜

第4题：

① 车七平八，象7进5

黑方如车4平3，车八平六，红胜。

② 兵五平六，车4退3

③ 车八进一，象1退3

④ 车八平七，红胜

第8课

第1题：

① 兵五进一，象5退7

② 马五进三，将5平4

③ 马三进四，将4平5

④ 马四进二，象7进9

⑤ 兵五平四，将5平4

⑥ 兵四平三，将4平5

⑦ 兵三平二，将5平4

⑧ 兵二平一，将4平5

⑨ 兵一进一，得象红胜

第2题：

① 马五进七，将6进1

② 兵五平六，将6退1

③ 兵六平七，得象红胜

第3题：

① 马一进三，士5进6

② 马三进二，士6退5

黑方如将4平5，马二退四，破士红胜。

③ 帅六进一，士5进6

④ 马二退四，吃士红胜

第4题：

① 兵四平五，士6进5

② 兵六平五，将5平6

③ 马七退五，马9退8

④ 仕五进六，马8退6

⑤ 帅五平四，红胜

第9课

第1题：

① 兵四进一，将4进1

② 兵四进一，将4退1

③ 帅五进一，红胜

第2题：

① 兵三进一，象1进3

② 炮八平二，象3进5

③ 炮二平五，象3退1

④ 帅五平四，象1退3

⑤ 兵三平四，红胜

第3题：

① 炮二平四，士6退5

② 炮四平五，士5进6

③ 兵四平五，将5平6

④ 兵六进一，士4退5

⑤ 炮五平四，红胜

第4题：

① 炮五平四，象5进3

黑方如士4退5，帅四平五，红胜。

② 炮四进七，将6退1

③ 帅四平五，将6进1

④ 炮四退六，象3退5

⑤ 仕六退五，将6退1

⑥ 仕五进四，将6平5

⑦ 炮四平五，得象红胜

第10课

第1题：

① 车三退一，将6退1

② 车三平八，车6平2

黑方如炮2平1，马一进三，将6平5，马三退四，黑方丢车。

③ 马一进二，将6平5

④ 马二退四，将5平6

246

⑤ 马四退五，红方胜势

第2题：

① 帅五平六，车5退3

② 仕五进四，车5进3

③ 炮五退二，车5退1

④ 车六平七，破象红胜

第3题：

① 车五平六，士5进4

② 车六平九，车1平4

③ 车九退二，士6进5

④ 炮六退二，将4退1

⑤ 车九进三，士5进6

⑥ 车九进二，士6退5

⑦ 车九进二，将4进1

⑧ 车九退一，将4退1

⑨ 车九平五，卒9进1

⑩ 车五退一，将4进1

⑪ 车五平六，红胜

第4题：

① 兵四平五，将5平4

黑方如将5进1，炮一进二，红胜。

② 炮一平六，红胜

第11课

第1题：

① 马二进四，红方胜势

第2题：

① 马六进八，车3平2

② 马八进七，马4退3

③ 炮七进三，红胜

第3题：

① 兵三进一，炮1进3

② 帅五平四，后卒进1

③ 兵三平四，红胜

第4题：

① 车七进一，炮6平3

② 车六进三，红胜

第12课

第1题：

① 车一平四，将6进1

② 炮二平四，士6退5

③ 炮五平四，红胜

第2题：

① 炮三平一，车8平9

黑方如车5退1，炮一进二，车8退2，车六平五，红胜。

② 车六平五，将5平4

黑方如士6进5，车三进一，红胜。

③ 车五进一，红胜

第3题：

① 炮三进一，马7退8

② 炮三退二，马8进6

③ 车二进一，红胜

第4题：

① 车一平四，士5进6

② 炮二平四，士6退5

③ 炮四平五，士5进6

④ 兵六平五，士4退5

⑤ 炮五平四，红胜

第13课

第1题：

① 马七进八，将4进1

黑方如将4平5，马八退六，将5平4，炮五平六，红胜。

② 炮五平九，卒8平7

③ 炮九进二，红胜

第2题：

① 马二进四，将5平4

② 车五平六，士5退4

③ 车八平六，红胜

第3题：

① 马四进五，马4退5

② 马五进三，红胜

第4题：

① 车二平五，将5退1

② 马二进三，红胜

第14课

第1题：

① 马三退五，将6平5

② 马五进七，红胜

第2题：

① 兵四平五，士4进5

② 马二进三，红胜

第3题：

① 兵四进一，士5退6

② 马二退四，将5进1

③ 车七进四，红胜

第4题：

① 车四平五，将5平4

黑方如将5进1，炮二进四，红胜。

② 车五进一，将4进1

③ 炮二进四，士6进5

④ 车五退一，将4退1

⑤ 车五进一，红胜

第15课

第1题：

① 车七进一，将4进1

黑方如将4退1，车七进一，红胜。

② 车七平六，红胜

第2题：

① 车七平八，将4退1

② 车八进二，红胜

第3题：

① 车二进一，将6退1

黑方如将6进1，马四进二，红胜。

② 马四进三，将6平5

③ 车二进一，士5退6

④ 车二平四，红胜

第4题：

① 马四进六，将4平5

② 马六进七，象5退3

③ 车八进五，象7退5

④ 炮六进八，士6退5

⑤ 车八平七，士5退4

⑥ 车七平六，红胜

248

第16课

第1题：

① 车四进一，士5退6

② 车二平五，象7进5

黑方如士6进5，车五进一，红胜。

③ 马二退四，红胜

第2题：

① 车一进三，炮3平9

② 车三进五，红胜

第3题：

① 车四进九，将5平6

② 车六进五，将6进1

③ 炮六进六，将6进1

④ 车六平四，红胜

第4题：

① 前车进一，将5进1

② 车四进二，将5进1

③ 后车退一，将5退1

④ 前车退一，将5退1

⑤ 后车平五，士4进5

⑥ 车五进一，将5平4

⑦ 车四进一，红胜

第17课

第1题：

① 车八平五，将5平4

② 帅四平五，车4进2

③ 兵三平四，车4退2

④ 兵四平五，将4进1

⑤ 车五进四，将4进1

⑥ 兵五平六，车4进2

⑦ 兵六平七，车4退2

⑧ 车五进一，将4退1

⑨ 车五平六，红胜

第2题：

① 炮七退二，车7平8

② 炮七平六，红方胜势

第3题：

① 炮三平六，士5退6

② 炮六平八，象3进1

黑方如将5进1，车二退一，红胜。

③ 炮七进五，将5进1

④ 车二退一，红胜

第4题：

① 炮一进二，车6进3

黑方如车6平9，前车进一，车9平8，车二进八，红胜。

② 前车进一，车6退3

③ 炮一平四，车2平5

④ 炮四平六，红胜

第18课

第1题：

① 炮五退二，马8进7

② 马二进三，炮2进4

③ 兵七进一，炮5平3

④ 炮八平五，炮3平5

⑤ 马三进五，将5进1

⑥ 炮五平一，红方胜势

第2题：

① 炮八进七，车1平2

② 马六进八，车3退2

③ 马八进七，士6进5

④ 马七进八，红方得车

第3题：

① 仕五进四，炮2平5

② 车七平四，炮5平6

③ 车四进二，士5进6

④ 炮八进七，将6进1

⑤ 炮五平四，将6平5

⑥ 炮四退五，红方大优

第4题：

① 炮二平五，炮8平5

② 马二进三，马8进7

③ 车一平二，卒7进1

④ 马八进七，马2进3

⑤ 兵七进一，炮2进4

⑥ 马七进六，炮2平7

⑦ 炮八平七，车1平2

⑧ 马六进七，炮5平4

⑨ 兵七进一，车2进6

⑩ 炮七进二，炮4进5

第19课

第1题：

① 炮二平五，马8进7

② 马二进三，车9平8

③ 车一平二，卒7进1

④ 车二进六，马2进3

⑤ 兵七进一，炮8平9

⑥ 车二平三，炮9退1

⑦ 马八进七，士4进5

⑧ 炮八平九，炮9平7

⑨ 车三平四，马7进8

⑩ 车九平八，车1平2

第2题：

① …… 马8退9

② 车三平四

红方如车三进一，马3退4，红方三路车丢定。

③ …… 炮7进6，黑方得子占优

第3题：

① 车九平八，炮2进4

② 车二进六，红优

第4题：

① 炮五进三，象3进5

② 炮七平二，车8进4

③ 马五进三，炮3平7

④ 相三进五，红优

第20课

第1题：

① 炮五进四，炮6平2

② 炮五退二

红方虽少子，但有空头炮之优，还可抗衡。

第2题：

① 炮二平五，马2进3

② 马二进三，炮8平6

③ 车一平二，马8进7

④ 兵三进一，卒3进1

⑤ 马八进九，象7进5

⑥ 炮八平七，车1平2

⑦ 车九平八，炮2进4

⑧ 兵七进一，卒3进1

⑨ 兵三进一，卒7进1

⑩ 车二进四

第3题：

① …… 马7进5

② 车五平九，马5进3，黑方占优

第4题：

① 车九平八，炮2平1

② 马三进四，卒7进1

③ 马四进五，马3进5

④ 炮五进四，象5退3

⑤ 车八进七，红方大占优势

第21课

第1题：

① …… 车7平8

② 帅五平六，炮5进4

③ 车五平六，车8平6

④ 帅六进一，炮7进1

⑤ 帅六平五，车6退5，黑优

第2题：

① 车二进三，车8进5

② 车八进八，炮5平3

③ 炮七进五，后车进1

④ 炮七进一，马1进2

⑤ 车八退二，车8平3

⑥ 炮五平七，红先

第3题：

① …… 卒3进1

② 炮八平七，炮8平3

③ 车二进九，炮3退3

④ 炮五平七，炮3进4

⑤ 车二平三，马3退5

⑥ 车三退一，车2进8，黑先

第4题：

① …… 炮8进1

② 马四退三，炮8平5

③ 车二进九，马7退8

④ 相七进五，卒7进1，黑先

第22课

第1题：

① 炮二平四，炮2平5

② 马八进七，马2进3

③ 马二进三，马8进9

④ 车一平二，车9平8

⑤ 车九平八，车1平2

⑥ 炮八进四，卒3进1

⑦ 兵三进一

第2题：

① 炮四进五，炮8平6

② 车七进二，炮6平5

③ 车七进一，炮1进1

④ 车七进一，红优

第3题：

① …… 炮6进4

② 车三退一，炮6退2

③ 炮九进四，车8进3，红车丢定

第4题：

① 车二平四，炮6进5

② 炮九平六，车4进1

③ 车四平六，炮6退5

④ 车八进六，红先

第23课

第1题：

① 炮四进五，车6进1

② 炮八平五，士6进5

③ 兵五进一，红先

第2题：

① …… 炮2进5

② 炮六平八，车2进7

③ 马七退五，车8进3

④ 马三进四，卒5进1

⑤ 车七进一，卒5进1

⑥ 兵五进一，马7进5

⑦ 车七退一，马5进6，黑方乐观

第3题：

① 炮八进七，车1平2

② 炮六平二，车5平7

③ 炮二进五，炮2平8

④ 车二进三，红方得子

第4题：

① …… 炮2平6

② 兵七进一，卒3进1

③ 车六平七，象3进5

④ 车九平八，马2进3，局势平稳

第24课

第1题：

① …… 卒3进1

② 兵七进一，车8进4

③ 兵七平八，卒1进1

④ 炮八平三，车2进4

⑤ 车八进五，马1进2，黑方可以满意

第2题：

① 兵七进一，炮3进5

② 车一平二，车9进1

③ 炮八进二，卒9进1

④ 炮五进四，士4进5，红方优势

第3题：

① 车二平一

吃掉边卒后，红方优势。

第4题：

① 兵七进一，炮2平3

② 炮八平五，炮8平5

③ 马八进七，马8进7

④ 车九平八，马2进1

⑤ 马二进三，车9平8

⑥ 车一平二，车8进5

⑦ 车八进八，士4进5

第25课

第1题：

① 车二进六，象5退7

② 马八进七，红优

第2题：

① ……   车4进7

② 马八进七

如车二平四，车4平2，黑方不错。

③ ……   车4平6，黑方可抗衡

第3题：

① 兵七进一，卒7进1

② 马八进七，马8进7

③ 车九进一，象7进5

④ 相三进五，马2进1

⑤ 马二进四，车1进1

⑥ 车一平三，车1平6

⑦ 兵三进一，卒7进1

⑧ 车三进四，士6进5

⑨ 马七进六，炮2平4

第4题：

① 兵三进一，卒7进1

② 兵五进一，卒5进1

③ 马三进五，红方子力活跃

第26课

第1题：

① 车二进六，车6平4

② 炮六平四，卒3进1

③ 车二平三，马7退9

④ 马三进四，车4平2

⑤ 车三进二，车2进5

⑥ 车三平一，红优

第2题：

① 马七进六，车4进1

② 车四进五，士4进5

③ 车四进一，车4进1

④ 兵九进一，车4平3

⑤ 车四平三，炮7平6

⑥ 炮九进四，红先

第3题：

① 兵七进一，车3进1

② 炮八平三，炮4平7

③ 马七进六，车3平2

④ 炮三平九，车2进6

⑤ 仕五退六，车2平4

⑥ 帅五进一，红方多子占优

以下黑方如车4退4，炮九进二，红胜。

第4题：

① 炮八平九，炮2退1

② 车一平六，车4进6

③ 马八进六，马4进2

④ 炮九平八，炮2进6

⑤ 马六进八，士4进5

⑥ 车九平八，车1平4

⑦ 马八退七，马2退3

⑧ 车八进六，红优

第27课

第1题：

① ……   炮4进5

② 炮二平一，炮4平7

③ 车二进九，马7退8

④ 炮八平五，士4进5

⑤ 车八进九，马1退2，黑方得子

第2题：

① 相三进五，炮8平4

② 马二进三，马8进7

③ 车一平二，车9平8

④ 炮二进四，卒7进1

⑤ 炮二平三，卒3进1

⑥ 马八进九，马2进3

⑦ 车九进一，炮2平1

⑧ 车九平二，车1平2

⑨ 炮八平六，车8平9

第3题：

① …… 马8进6

② 车二进九，马6进7

③ 帅五平六，炮4退1

④ 车二退一，士4进5，绝杀黑胜

第4题：

① …… 炮8平7

黑方平炮瞄住红车，使其不能顺利通头，针对性较强。

第28课

第1题：

① …… 炮8进2

② 兵九进一，马8进7

③ 兵三进一，车9进1

④ 仕四进五，马3进2

⑤ 车八平四，车9平4

⑥ 马二进三，马2进1

⑦ 炮七平六，炮2平3，黑方满意

第2题：

① 车八进一，马8进7

② 车八平二，卒1进1

③ 车二进三，马1进2

④ 兵三进一，红方满意

第3题：

① …… 卒7进1

② 相五进三，车4进3

③ 马七退六，车4平7

④ 相三退五，象7进5，双方均势

第4题：

第一种，①象3进1；第二种，①卒5进1。

第29课

第1题：

① 马三进四，卒7进1

② 马四进六，炮2进1

③ 炮二平五，炮8平6

④ 马六进七，炮6平3

⑤ 炮五进四，红先

第2题：

① 车二平八，炮2进2

② 车八进一，红方稍先

第3题：

① 炮一平二

第4题：

① 炮八进二，车8平6

② 相七进五，卒3进1

③ 马三进二，马2进3

④ 炮二平三，红优

第30课

略。

好书介绍

《儿童象棋基础教程》

系统性儿童象棋教程。每周一课，轻松学棋，讲解+习题，循序渐进。

《象棋战术一本就够》

11大类战术，230余战例详解，40局名家实战解析。得子、入局、抢先，战略目标明确，战术清晰易懂。

《象棋基本战术宝典——顿挫与腾挪》

强化讲解重要运子战术——顿挫与腾挪，串联各种象棋战术、残局、杀法必不可少的基本战术书。

《象棋入门与提高》（全4册）

打破以往象棋书死记硬背套路的模式，从职业棋手的思路、目标及执行方法讲起，逐步推导不同棋形之间的关系和相互转化的过程，使读者掌握自我学习、研究棋谱的方法。

《围棋入门一本就够》
　　简单明了的成人围棋入门书。每天一课，30天围棋知识全面掌握。

《围棋入门口袋书》
　　真正零基础入门，小身材，大容量，丰富的例题，超全面的围棋知识。轻松索引，不懂就查。

《儿童围棋基础教程》（全4册）
　　系统性儿童围棋教程。每周一课，轻松学棋，讲解＋习题，循序渐进。

《李昌镐儿童围棋课堂》（全5册）——李昌镐亲自授权的围棋入门书！
好玩的卡通画帮助记忆，让孩子从零开始，轻松入门。

《不得贪胜》——"石佛"李昌镐唯一自传！
　　了解李昌镐的围棋人生，品味"不得贪胜"的胜负哲学，挖掘才能与意志的力量，领悟想赢必须学会舍弃的智慧。